本屋のミライとカタチ

新たな読者を創るために

北田 博充 編著

PHP

はじめに

本屋になりたければ、本屋を続けたければ、まずは「本屋とは何か」を突き詰めて考えなければならない。そう思い二〇一六年に『これからの本屋』という本を書きました。

『これからの本屋』では、私が書店員として企画・実践した少し風変わりな本の売り方を事例として紹介するとともに、自分が尊敬してやまない書店主などを取材することで、「本屋とは何か」を探求しました。ですが、「本屋とは何か」という問いに対して、自分なりの答えを導き出すことができませんでした。

私は大学卒業後に出版取次会社である大阪屋《おおさかや》（現・楽天ブックスネットワーク）に入社し、その後、二〇一三年に本・雑貨・カフェの複合書店であるマルノウチリーディングスタイル（東京都・千代田区）を立ち上げ、リーディングスタイル各店で店長を務めました。その後、二〇一六年にひとり出版社・書肆《しょし》汽水域《きすいいき》を立ち上げ、長く読み継がれるべき文学作品を出版してきました。同年、カルチュア・コンビニエンス・クラブに入社し、今は梅田《うめだ》 蔦屋《つたや》書店（大阪市・北区）で店長を務めながら出版社としても活動を続けています。

学生時代の書店勤務歴も含めると、本の仕事に二十年間従事してきたことになるのですが、いまだに「本屋とは何か」というシンプルな問いに答えを出せていません。

ただ、答えを出せていない理由がおぼろげながら見えてきました。

書店員が書いた書店に関する本や、出版業界の関係者が書いた書店や業界に関する本は、書店の現場では「本の本」「本屋の本」と呼ばれ、ある程度規模の大きい書店では棚を設けて品揃えがされています。一概には言えませんが、本屋に関する本なので、その読者の大半は書店業界の関係者か、書店好きな読者だと考えられます。現役の書店員や業界関係者が書店論や仕事論を書き、業界内で消費されるのはある意味自然なことだと言えますが、私はそのことにほんの少し違和感をおぼえてもいました。どことなく**書店業界が内向的で、内輪の話に終始してしまっている**ように感じられ、この業界がこのまま尻すぼみになっていくのではないかと思えたからです。

「本屋とは何か」というシンプルな問いになぜ答えを出せなかったのか。それは、**業界の内側から本屋を考えようとし過ぎていた**からではないかと思うようになりました。誰もが「自分のことは自分自身が一番よく知っている」と思うように、自分が身をおく業界のことは、自分たちが一番よく知っていると思うのは当たり前といえば当たり前です。ですが、自分自身を第三者の視点から客観的に見つめることは難しいですし、自分にとっての当たり前が外側の人間の立場から見ると当たり前ではないことなんてよくあることです。人間が他者と関わる中で「私」を見つけるのと同じように、本屋も他の業界の視点を取り入れることではじめて「本屋」になれるのではないかと考えるようになりました。

少し前置きが長くなりました。本書では一見本屋と関係がなさそうな人を取材し、その人たちの仕事の話を深掘りしていくことで、遠回りにはなるかもしれませんが、「本屋とは何か」という問いにもう一度向き合ってみようと考えました。また、書店や出版社で働く人たちだけではなく、業界の外側で本の魅力を伝えようと取り組まれている人も「広義の本屋」であると定義し、**広義の本屋が新たな読者を創出するために取り組んでいくことが、顧客の裾野《すその》を広げる一助になる**のではないかと考えました。

まず、第一章では「本屋」という言葉を具体的に定義しました。そして、第二章では本の魅力を広く伝える取り組みをされているお二人にインタビューをしました。一人目は元高校の国語科教諭の嘉《か》登《と》隆《たかし》さんで、教育の側面から「新たな読者を創出するにはどうすればいいか」を教えていただきました。二人目はTikTokで小説を紹介されているけんごさんで、「普段本を読まない人に本の魅力を伝える方法」を教えていただきました。第三章では新規顧客を増やすための方法を異業種の事例から学ぶべく、プロレス団体の代表である高《たか》木《ぎ》三《さん》四《し》郎《ろう》さんにインタビューをしました。プロレス業界の成功事例をもとに、「コアファンではなく新規顧客（ライトユーザーやノンユーザー）を増やすことで、より多くの人に本の魅力を伝えていく」方法を模索しました。最終章では、本と深く関わる仕事をされている四名をお招きし、新たな読者を創るためにできることを議論しました。

本書は、本や本屋を愛する人、本や本屋の魅力を広く伝えたいと願う人のために書きました。出版業界で働く人たちももちろんそうですが、業界外に身をおく本好き、本屋好きな方々にも読んでいただきたいと考えています。そして、読まれた方が「これからも本と読者をつないでいこう」「本の魅力を広く伝えていこう」という気持ちになり、一人でも多くの新たな読者を増やしてくれることが本書刊行の目的です。

「本を売るだけが本屋の仕事ではない。本や本屋の魅力を多くの人に伝えていくことも本屋の大事な仕事の一つだ。中でも、本にあまり興味を持っていない人たちへ本や本屋の魅力を伝えていくことは何よりも重要だと考えている。未来の読者や未来の本屋愛好家のために、魅力的な世界への入口をできる限りたくさんつくらなければならない」

私は拙著『これからの本屋』にこのように記しました。八年経《た》った今もその想いは変わりません。本と関わるすべての人たちが、自分の持ち場で役割を果たし、本と読者とをつないでいくことが私の唯一の願いです。本書がそのためのヒントになれば、これほど嬉しいことはありません。

本書の特徴

本書は出版業界で働く方だけではなく、業界外の方にインタビューをし、「どうすれば新たな読者を創れるのか」を考える本です。新たな読者を増やすこと（未顧客を顧客化すること）が業界を肥やすことにつながるというスタンスです。①新たな読者を増やすためにできること、②書店に足を運ぶ新規顧客を増やすためにできること、の二点に焦点をしぼっています。

本書刊行の目的は、本書を読んだ方に「こんな方法もあるのではないか」「この方法なら自分にも実践できるかもしれない」と着想のきっかけを与えたり、議論のきっかけをつくることにあります。ですので、本書に結論はありません。水面に小石を投げるような気持ちで書きましたので、どのような波紋が広がるかは私自身にもわかりません。本書が新たな取り組みのヒントになったり、具体的な行動を起こそうとしている方々の背中をそっと押すことができればと願っています。

本を売るだけではなく、本の魅力を伝えたいと考える方を読者として想定しています。書店や出版社で勤務する方はもちろん、棚貸し本屋（シェア型本屋）で棚主をされている方、本に関わる仕事はしていないが本が好きでよく本屋に足を運ぶ方、本屋を応援したいと思っている方など、日々の生活のなかで本と関わられている方が想定される読者です。

本書では扱わない内容

1．書店のビジネスモデル

『本屋のミライとカタチ』というタイトルから、書店のビジネスモデルに関する本だと勘違いされる方もいるかもしれませんが、本書ではビジネスモデルに関する話はいっさい出てきません。また、書店の経営論のような話もでてきません。ビジネスに関する具体的な参考図書として本書を手に取られた方がいらっしゃれば、おそらく物足りない内容だと思いますので、他の本を探していただくのがベターです。

2．書店を開業するための方法

書店を独立開業するためのノウハウは書かれていません。本書が提唱する「広義の本屋」には独立系書店やその店主も含まれますが、本書で取り扱うのは、主に書店や出版社で勤務はしていないが本の魅力を広く伝えるために尽力されている業界外の方々の取り組みです。もし、個人で書店を開業したいと考えている方がいれば、内沼晋太郎さんの『これからの本屋読本』（NHK出版）や辻山良雄さんの『本屋、はじめ

ました 増補版』（ちくま文庫）、井上理津子さんの『夢の猫本屋ができるまで Cat's Meow Books』（ホーム社）に具体的な方法や必要な経費、開業後のPLなどが記載されているため、ぜひそちらを参考にしてみてください。

3．本を売るためのノウハウ

本書には本を売るためのノウハウも書かれていません。書店員や書店主として、本を売るためのノウハウを学びたい方には、書店員が日常的にこなしている仕事が具体的かつ論理的にまとめられている矢部潤子さんの『本を売る技術』（本の雑誌社）をお薦めします。

本屋のミライとカタチ

Contents

はじめに

第一章　本屋とは誰か？

未顧客を顧客化していくために

Interview——芹澤 連（マーケティングサイエンティスト）　28

第二章　本への入口を創る

第一節　高校国語科教諭は本屋か？……62

国語の授業のフレームを一度解体して再構築する

Interview——嘉登 隆（元・高校国語科教諭）　77

Column——「これからの読者」を育むために［田口幹人］　91

第二節　ＴｉｋＴｏｋｅｒは本屋か？……95
本を読まない人に発信するためにＴｉｋＴｏｋを選んだ
Interview――けんご（小説紹介クリエイター）109
Column――本屋という、モノとコト［粕川ゆき］123

第三章　本への入口を広げる

第一節　異業種から学ぶ「新規顧客創出法」……132
薬局と本屋の掛け算から見えてきたこと
Interview――瀬迫貴士（ページ薬局）156
Column――〈本×〇〇〉こそが王道です［内沼晋太郎］169

第二節　プロレス業界のV字回復と本屋の未来……173
付加価値を生むには斜め上からの発想が必要
Interview――高木三四郎（プロレスラー）202
Column――伊野尾書店がＤＤＴから学んだこと［伊野尾宏之］216
［座談会］（有地和毅　花田菜々子　森本萌乃　山下　優）227
新たな読者を創るためにできることは何か
おわりに

第一章

本屋とは誰か？

本を売る人だけが本屋ではない

二〇一六年に刊行した自著『これからの本屋』では、これからの本屋のあり方を考察するために「本屋とは何か?」という問いを立てました。そして、本に深く関わっている方々へのインタビューを通じて、その問いへの答えを探りました。結果として、その問いへの答えは出せずじまいでしたが、その原因は「本屋」の定義が曖昧《あいまい》だったからではないかと、今になって思っています。

世の中には「本屋」と「書店」という似た言葉があります。「『書店』というのは、本という商品を扱い陳列してある『空間』。『本屋』はどちらかというと『人』で、本を媒介《ばいかい》にした『人』とのコミュニケーションを求める」と仰ったのは定有堂《ていゆうどう》書店の店主、奈良敏行《ならとしゆき》さんでした(『BRUTUS』七〇九号、マガジンハウス)。私もその通りだと思います。では、「本屋」という人は、「誰に」「何を」する人なのでしょうか?そんなの「読者に」「本を売る」人に決まってるだろう、と多くの方は仰るかもしれませんが、私はそうとも言い切れないのではないかと思っています。もちろん、読者に本を売る人は本屋に違いありません。ですが、読者に本を売ることだけが本屋の仕事だと定義してしまうと、本屋という仕事の領域が不必要なまでに狭まってしまうように思えて、なんだかつまらないなぁ、と感じてしまうのです。本書を読まれている

■「広義の本屋」と「狭義の本屋」

<table>
<tr><th></th><th>動詞</th><th>業種</th><th>分類</th><th></th><th>目的</th></tr>
<tr><td rowspan="4">業界四者</td><td>作る</td><td>出版社</td><td rowspan="3">狭義の本屋</td><td rowspan="10">広義の本屋</td><td rowspan="4">出版物を読者に販売し
売上を上げること</td></tr>
<tr><td>卸す</td><td>出版取次</td></tr>
<tr><td>売る</td><td>書店</td></tr>
<tr><td>書く</td><td>著者</td><td></td></tr>
<tr><td rowspan="6">その他</td><td>選ぶ</td><td>選書家</td><td></td><td rowspan="6">上記に限らず様々</td></tr>
<tr><td>貸す</td><td>図書館</td><td></td></tr>
<tr><td>薦める</td><td>批評家・書評家</td><td></td></tr>
<tr><td>伝える</td><td>読者</td><td></td></tr>
<tr><td>教える</td><td>教員</td><td></td></tr>
</table>

本屋さんがいれば、「本屋なんてそういうもんだよ」「本を売ってなんぼなんだから」と思われるかもしれませんが、少なくとも私は、本屋って無限の可能性を孕《はら》んだ、唯一無二の仕事だと思っているのです。

　そこで私は、**本屋を「広義の本屋」と「狭義の本屋」とに分けて定義する**（上図）のが適切ではないかと考えました。その考え方に基づくと、読者に本を売る本屋は狭義の本屋であり、広義の本屋の一部ということになります。では、広義の本屋とは何か。私が考える広義の本屋とは、本に関する「動詞」を司《つかさど》るすべての人です。本に関する動詞はいくつもありますが、商売に結び付く動詞で代表的なものは、「作る」「卸《おろ》す」「売る」の三つです。作るのは出版社、卸すのは出版取次、売るのは書店で、これらは業界三者と呼ばれています。私はこれらを狭義の本屋だと考えています。つまり、本を売ることで収益を得るのが狭義の本屋です。商売に結び付くという意味では「書く」著者も含めて業界四者と表現してもいいかもしれません。

その他にも本に関する動詞はたくさんあります。本を「選ぶ」、本を「貸す」、本を「薦める」などです。アパレルショップの本棚やホテルのライブラリーなどの選書やディレクションを担う本を選ぶ人や、図書館での業務に従事する本を貸す人、さらにはお薦め本の書評を書く書評家など本を薦める人は、本を売ることで収益を得るわけではないものの、本と深く関わっている広義の本屋だとみなすことができそうです。では、本の魅力を「伝える」人はどうでしょうか？　私は本の魅力を他者に伝える人も広義の本屋だと考えています。読んだ本を記録し日本中の読書家と本を通じた交流ができる「読書メーター」では、読者同士が本を薦め合い濃密なコミュニケーションをとっています。また、本の魅力を広く伝える読書系 YouTuber も広義の本屋だと言えるでしょう。つまり、消費者である読者ですら広義の本屋になりえると私は考えているのです。

書店は場所を指す言葉で、本屋は人を指す言葉だとはいえ、商売として本に関わっていない読者まで広義の本屋と捉《とら》えるのはどうなの？　本屋はビジネスなのだから、本を売って商《あきな》えなければ意味がないのでは？　と考える人が多くいることも理解できます。ですが、**私は本を売ることと同じくらい、「未来の読者を創る」ことが重要だと考えています。**未来の読者とは、現在は読者ではないが、近い将来読者になる人のことを指します。つまり、普段本を読んだり、本屋に足を運んだりする習慣を持たない人たちに、本の魅力や本屋の魅力を伝え、読者になってもらうことが重要で、その役割を果たすのが広義の本屋だと考えているのです。

本屋にとって顧客とは誰か？

本や書店に興味がない人たちに、書店で本を売ろうとしたり、書店で本との出合いを促《うなが》そうとしても意味がありません。なぜなら、本に興味がない人は書店に足を運ばないからです。書店に足を運んでくれるお客様は狭義の本屋にとってのお客様であって、広義の本屋にとってのお客様とは限りません。

二〇一六年の『これからの本屋』刊行時、東京や大阪の書店で刊行記念トークイベントを開催した際、「普段本を読まない人に、本の魅力を伝えていきたい」と語る私に対して、「すでに本を読んでいる人や、書店で本を買ってくれている人の方が大事じゃないのか」「本を読まない人よりも、書店でお金を落としてくれている読者を大切にすべきだ」というご意見を数名の方からいただきました。ご指摘の通り、既存顧客を大切にしていくことはたしかに重要です。ただ、それと同じくらい未顧客（普段本を買わない人）を顧客化していくことも重要であると私は考えています。イベントに参加された方からこういった意見が出たのは、私が定義している本屋と、意見をくださった方が考える本屋との間に乖離《かいり》があったからではないでしょうか。つまり、私は広義の本屋について話をしているのに、その方は狭義の本屋を前提に話を聞いていたのです。これでは話が通じ合わないのは当然です。

P17の図は、購買経験のある顧客からターゲットとなる認知のない顧客までを含め、本や書店との関係性を表した顧客ピラミッドです。私が言う「普段本を読まない人」は、この顧客ピラミッドの「潜在顧客」と「見込顧客」に該当します。一方で、イベントで意見をくださった方が仰る「書店で本を買ってくれている人」は「一般顧客」「リピーター」「ファン」のいずれかに該当します。ここではっきりさせておきたいのは、**狭義の本屋にとっての顧客と、広義の本屋にとっての顧客は違うということです。**

「狭義の本屋」の仕事は書店に来るお客様に本を売ること

まず、狭義の本屋の顧客は書店に来店し、本を購入してくれる既存顧客です。したがって、狭義の本屋の仕事は、本をお求めのお客様のニーズにお応えすることと、一般顧客をリピーターやファンに育てていくことになります。ここで言うファンとは、特定の書店のファンではなく、本への愛好度合いが高い人を指します。本を購買する人たちがファンの領域に達すると、その読者は書店員や第三者からのお薦めがなくと

■顧客ピラミッド

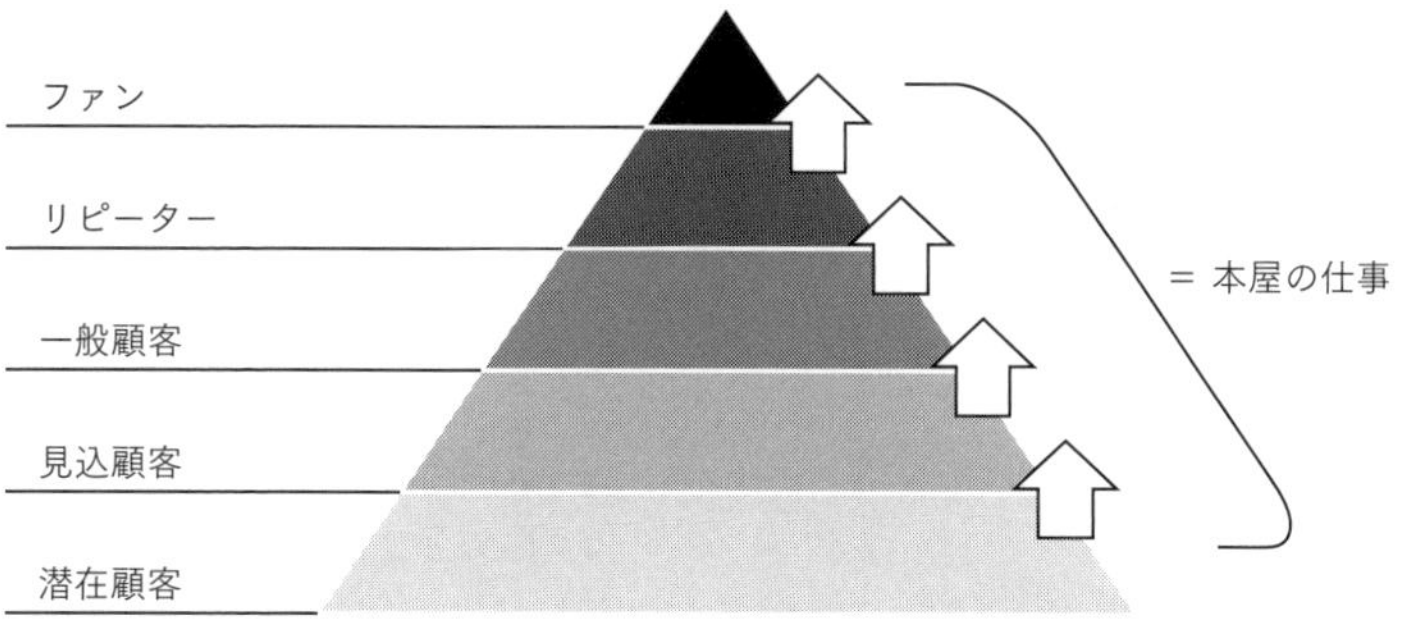

も、自分自身で読みたい本を選び、本のジャンルや特性に応じて様々な書店を使い分けるようになるため（人文書なら●●書店、海外文学なら●●書店といったように）、書店で働く書店員や書店主がやれることは、目の肥《こ》えた読者に納得してもらえる品揃えをすることに尽きます。

また、一般顧客をリピーターに育てること、リピーターをファンに育てることも狭義の本屋（書店員、書店主）の大事な仕事です。お客様との対話や棚を介したコミュニケーションをもとに、「次に読みたい本」と必然的に出合わせていくことで、読者をより深く本の世界に誘《いざな》います。

よくリアル書店とネット書店との違いについて議論される時、「リアル書店はネット書店とは異なり、本との偶然の出合いがある」と言われることがありますが、この偶然の出合いというのはあくまでも「お客様にとって」偶然の出合いなだけであって、売場で数々の罠《わな》を仕掛けている書店員や書店主にとっては「必然的に出合わせている」ということを忘れてはいけないでしょう。「この本が売れたならあの本も売れるのではないか」「この本の隣にあの本を置くとさらに売れるかも」「うちのお客様にはこんなフェアが刺さるのではないか」「陳列の仕方を少し変えてみよう」といった推論や試行錯誤を日々繰り返し、書店員や書店主が売場に罠を仕掛け、それがお客様と本との偶然の出合いを生みます（もちろん書店員や書店主が意図しない「本当の意味での偶然の出合い」も無数にあります）。こういった幸福な出合いを複数回重ねていくことで、本の持つ魅力（魔力）から逃れることができなくなり、一般顧客がリピーターやファンになっていきます。

このように、狭義の本屋（書店員・書店主）の仕事は、書店に来店されるお客様のニーズに応えることと、一般顧客をリピーターやファンに育てていくことです。そう書くと簡単に思われそうですが、ある程度知識や経験がないと難しい仕事ですし、一概に「本を売る」と言っても、そのために必要とされる能力は多岐にわたります。狭義の本屋の中で書店員のみにフォーカスし、必要とされる能力を体系化したものがP19の図です。

これは私が書店員として新人の研修をする際に使用する資料の一部です。本書の趣旨とは異なるので詳しく説明しませんが、本を売るためにはこれだけ多くの能力が必

■書店員に必要とされる能力

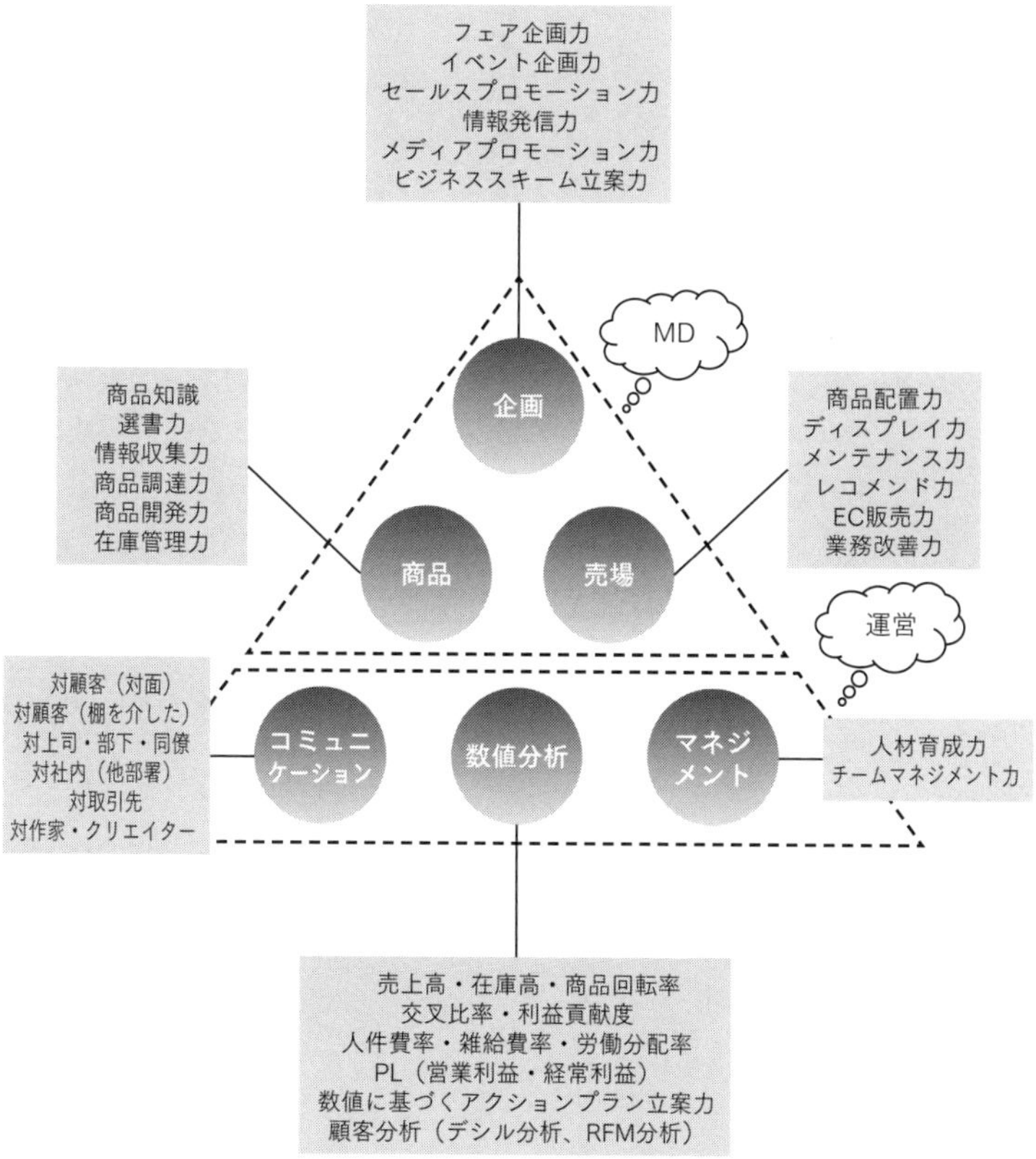

要とされます。私は、書店での勤務経験を積まずに小さな本屋を独立開業される方に対してリスペクトを持っており、商慣習や固定観念にとらわれない新しいチャレンジから新鮮な気付きを得たり学ばされることが多くありますが、やはり数年間は書店での勤務を経験された方がプラスになるだろうと考えています。それは、P19の図で示した能力を身につけ、本が売れるメカニズムを体で覚えることが何より重要だと思うからです。同じ本を同じ冊数仕入れても、プロが並べた売場と素人《しろうと》が並べた売場では見え方も売れ行きも異なります。

「広義の本屋」の仕事は「未来の読者」を創ること

一方、広義の本屋の仕事は本を売るだけではありません。広義の本屋とは狭義の本屋を含む上位概念で、そこには本に関わる広範囲な仕事が含まれます。本に関わっているなら誰もが広義の本屋だ、なんてことはもちろんなく、本を愛し本の魅力を広く伝える人であることが条件です。

狭義の本屋が、顧客ピラミッドの一般顧客から上の層をターゲットに仕事をしているのに対して、広義の本屋は見込顧客から下の層（見込顧客と潜在顧客）もターゲットにします。この見込顧客から下の層は、日常的に本を読む習慣がない「未来の読者」であり、マーケットポテンシャルだとも言えます（P21の図）。

■「既存の読者」と「未来の読者」

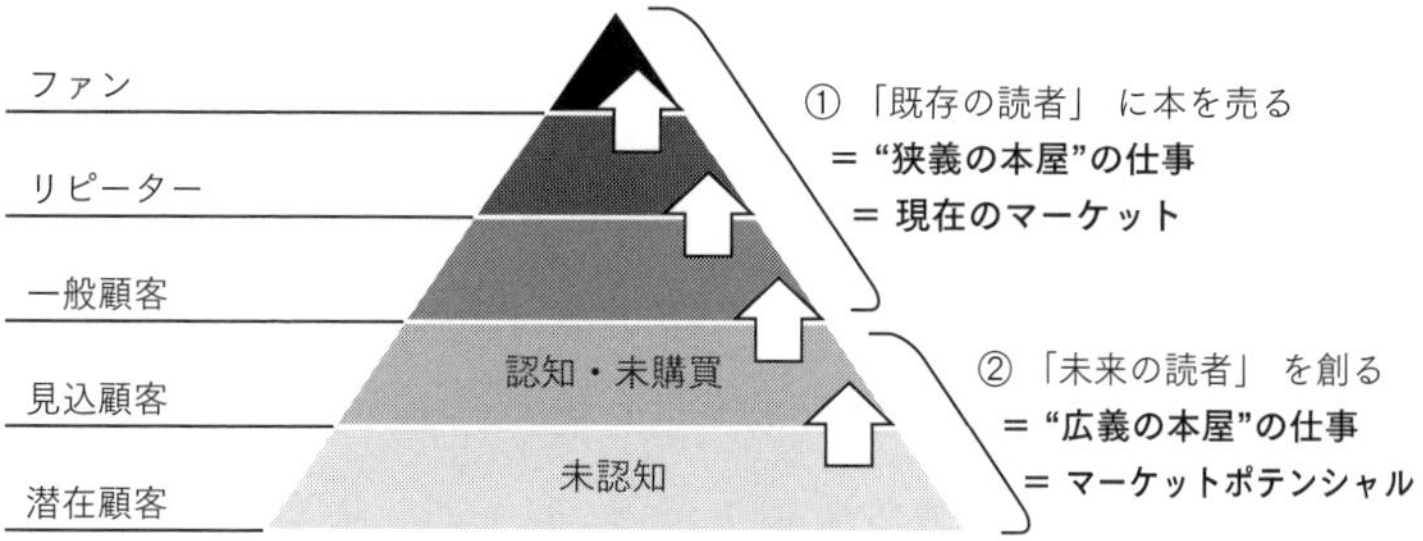

つまり、**この日常的に本を読む習慣がない層に本の魅力を伝え、本の世界に誘うことで、本の市場規模は広がっていきます。**

特に意識をせずに書店で働いていると、日々書店に足を運んでくださるお客様や本を買ってくださるお客様の存在が、当たり前のように思えますが、今書店で本を買ってくださっている読者にも「見込顧客」や「潜在顧客」だった時期は必ずあり、何かのきっかけがあって本を読むようになり、書店に足を運ぶようになったわけです。**その「何かのきっかけ」を創るのが広義の本屋の仕事です。**

本を読まない人より、本を読む人の方が大事？

顧客ピラミッドの頂上であるファンを何より大事にし、すでに商品を買ってくれているお客様にさらにたくさん買っていただくことを目指すという考え方もあります。ファンは売上の大半を支え、伸ばしてくれる存在で、ファンがまた別のファンを呼び込んでくれるという考え方で、「ファンベース」と呼ばれています。そして、ファンベースを行う主たる理由は人口の減少です。年間約六十万〜七十万人の人口が減っている中、新規顧客を増やし続ける戦略では勝ち目がない、というのがファンベースの根幹となる考え方です。ファンはすでに商品を買ってくれている人たちなので、施策を打つためのエビデンスとなる購買データがすでにありますが、新規顧客を開拓するために必要となる未顧客のデータは収集することが簡単ではありません。つまり、新規顧客の開拓は手間がかかる割に見返りが少ない、ということです。

佐藤尚之《さとうなおゆき》さんの『ファンベース』（筑摩書房）では、車メーカーのマツダが新車発表会をファンミーティングで行った事例や、プロ野球の広島東洋カープが顧客視点を徹底したファンイベントでコアファンを増やした事例、カルビーが一年かけてコアファンと新商品を開発していく事例などを取り上げ、ファンを大切にし、ファンをベースにして中長期的に売上や顧客価値を上げていくことが重要であると記されています。

また、小阪裕司《こさかゆうじ》さんの『「顧客消滅」時代のマーケティング』（ＰＨＰ研究所）でも、人口減少時代に突入し顧客が消滅しつつある状況を背景に、フローの顧客（一見客）ではなくストックの顧客（常連客）を持つこと、そして、ストックの顧客との関係性を強めていくとともにファンダム（ファンコミュニティ）を形成していくことが重要であると記されています。この二冊は、Ｐ21の図で示した顧客ピラミッドの頂上部分をより大きくしていくことで、売上を伸ばし続けていけるということを、具体的事例とともに教えてくれます。

一方で、ファンを育てロイヤル顧客を大事にするだけでは事業は成長しない、という考え方もあります。商品を買わないノンユーザーやライトユーザー等の未顧客を新規獲得することでしか事業は成長しない、というのです。

芹澤《せりざわ》連《れん》さんの『〝未〟顧客理解　なぜ「買ってくれる人＝顧客」しか見ないのか？』（日経ＢＰ）では、「既存顧客にもう一回買ってもらう」のと「新規顧客を一人増やして一回買ってもらう」のとでは、後者の方がブランドの成長に影響を及ぼすとし、**未顧客こそが宝である**と記されています。そして、ノンユーザーやライトユーザーを獲得する上で重要なのは、「未顧客の文脈に応じてブランドを再解釈することで、興味関心を持ってもらうこと」だと主張します。

たとえば、お風呂が嫌いな子どもにとって、お風呂は大好きな遊びを中断させられる作業でしかなく、「なぜお風呂に入らないといけないのか」や「お風呂に入るとどんないいことがあるのか」を言い聞かせても意味がないのですが、少し文脈を変えて「お風呂は水遊びする場所だよ」と伝えることで（水鉄砲やアヒルのおもちゃなどを用意することで）、お風呂に入ってくれるようになります。

こういった例はそのまま本にも当てはめられます。本を読む習慣がない人や、本にまったく興味がない人に対して、「本は面白いから読んでみて」「本を読むとこんないいことがあるよ」と読書の利点を伝えても、読んでもらえる可能性は低いわけです。ですが、少し文脈を変えて、「好きなアーティストが読んでいる本なら私も読んでみたい」と思わせたり（アーティストやインフルエンサーによるTwitter＝現X・Instagram・TikTok等での情報発信）、本を別の何かと掛け合わせて「本と出合える間口を広げる」（アパレルショップに本を置いたり、アウトドアショップに本を置いたりする）ことで、新規顧客を獲得できるかもしれません。これこそ私が考える広義の本屋の仕事です。

ここで紹介した「ファンベース（既存顧客との共創）」と「未顧客理解（新規顧客開拓）」とは正反対の考え方です。ここまで読まれた読者は、結局どちらが正しいの？と思うかもしれません。結論を先に書きます。肩透かしになってしまいますが、私はどちらも正しいと考えています。**すでに本を買ってくれているお客様も大事ですし、これから本を買ってくれる未顧客（未来の読者）も同等に大事です。**未顧客を顧客化することで顧客の裾野を広げていくとともに、すでに本を読む習慣が根付いている読者を熱狂的なファンにすることで、業界全体の売上は間違いなく上向いていきます。

そして、繰り返しになりますが、書店に足を運んでくれる読者のニーズに応え、一般顧客をリピーターやファンに育てていくのは狭義の本屋の仕事で、未顧客（見込顧客や潜在顧客）に本の魅力を伝え顧客化していくのは広義の本屋の仕事です。一口に本屋と言っても、狭義の本屋と広義の本屋とでは、ターゲットや果たすべき役割が異なります。出版社、取次、書店、印刷会社、製本会社、著者、書評家、図書館で働く人、ブックディレクター（ブックコーディネーター）、読者らが、それぞれ楽しみながら自らの役割を果たしていくことで、本を読む人は増え、この業界はどんどん活性化されていくはずです。**本に関わる誰もが、自分の持ち場で役割を果たせばよい**のです。

自分の持ち場で役割を果たす

自分の持ち場で役割を果たすことの尊さを、私は最近になって知りました。私は出版取次で七年、書店で十一年働き、出版社としても八年活動をしてきました。所謂《いわゆる》「業界三者」を三十代のうちにすべて経験してきたのです。だから、本に関することはなんとなくだいたいはわかる、と思っていました。それがただの思い上がりだと気付かされたのは二〇二〇年のことです。

私が主宰する出版社・書肆《しょし》汽水域《きすいいき》から、小説家・太田靖久《おおたやすひさ》さんの著書『ののの』を刊行した際、太田さんと一緒に制作の工程をすべて見学に行きました。はじめて著書を刊行される太田さんに、著書ができるまでのすべての工程を見てもらいたかったからです。印刷をする藤原印刷さん、製本をする加藤製本さん、カバーの箔《はく》押しをするコスモテックさん、それぞれの現場にお邪魔しました。

それまで本ができあがる過程を目にしたことがなかった私は、「箔押しとはいってもベルトコンベアで流れ作業だろう」と軽く考えていました。ところが、実際にカバーの箔押しを見学させてもらうと、驚くことに前田瑠璃《るり》さんという職人が一枚一枚手作業で箔押しをされていたのです。一枚のカバーにエンボス（浮き出し加工）とデボス（空押し）の二つの加工を施すという、前例のない依頼をしたこともありましたが、技術と経験がなければ到底できない繊細な職人芸でした。藤原印刷さんではカバーの印刷に使用する特色インクをつくるところも見せてもらいました。インクは機械で混ぜ合わせていましたが、その日の気温や湿度でインクの量を微調整する必要があるそうで、最後は人間の目で最終確認をして混ぜ合わせていました。機械は便利ですが、結局人間の目や手にはかなわないということを知りました。

書店で働いていると、ひと目見た瞬間に、「これは手間暇かけてつくられたものだ」と直感できる本と出合えますが、それがどのようにつくられているのかまでは想像が及びません。一連の見学によって想像の向こう側を知ることができた私は、より心を込めて本を売れるようになった気がします。そして、多くの人が携わって一冊の本ができる、と言葉にするのは簡単ですが、実際にその場を目の当たりにすると、心の底から感動が押し寄せてきて胸が詰まりました。

一冊の本が読者の手元に届くまでに、たくさんの仕事人がその本に関わっています。そのことを本当の意味で知った時、自分の持ち場で役割を果たすことの尊さをはじめて理解しました。と同時に、まだ理解が及んでいない領域に、本と関わっている人たちが他にもたくさんいるはずだ、とも思いました。それがきっかけとなり、「広義の本屋」についてより深く考えるようになったのです。

広義の本屋はいかに読者を増やすか

本書は広義の本屋に焦点を当て、「これからの本屋」のあり方を模索する本です。私が「この人は広義の本屋だ」と考える方や、未顧客を顧客化するためのヒントになりそうな仕事をしている方にインタビューをしています。今まさに出版業界で働いている方や、広く本に関わっている方が、今後新たな読者を増やしていくためのヒントになればとの思いで筆を執りました。本に関わるすべての人が、本への愛を絶やさず、新たな読者を巻き込んでいってくれたら、これから先、どんどんこの業界は発展していくはずです。私はそうなることを何より願っています。

Interview

未顧客を顧客化していくために

芹澤 連（マーケティングサイエンティスト）

市場は人間の身体と同じ曲がる方向にしか曲がりません

――芹澤さんのご著書『〝未〟顧客理解　なぜ「買ってくれる人＝顧客」しか見ないのか？』には、事業の成長には未顧客（買わない人、非購買層）の新規獲得が必要だと書かれていますが、特定の企業やブランドだけではなく、特定の「業界」についても同じことが言えるでしょうか？　たとえば、出版業界（書店業界）の成長にも未顧客の新規獲得が必要でしょうか？

芹澤　**ほとんどの市場は「負の二項分布」（売上を構成する顧客数と購買頻度の関係を表したもの）に従います。**この分布は図1－1（P29）のような形になるのですが、ノンユーザーやライトユーザーが極端に多く、何回も買うヘビーユーザーになるほど数が激減していくことがわかります。つまり市場の大半は買わない人（未顧客）や、買っても年に一、二回というライトユーザーが占めているということです。みなさんがよく知っているブランド、たとえばコカ・コーラでも、購入者の約半分は購入回数が年に二回未満のライトユーザーというデータもあります（Sharp, 2010）。消費財、耐久財、サービス財のいずれも、オンライン、オフラインにかかわらず似たような分布になります。そして一年程度のスパンで見ると、そうしたライトユーザーが売上の半

図１－１

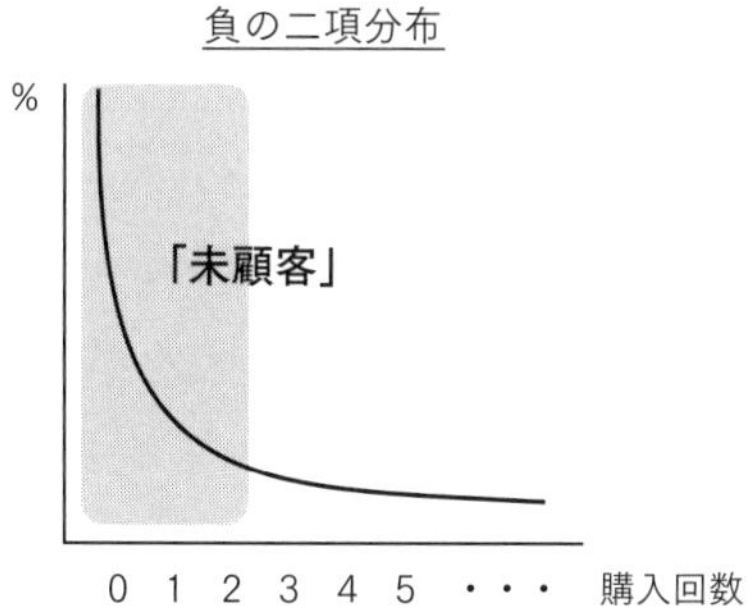

分近くを支えています。これは後で詳しく説明します。

――例外はありますか？

芹澤　あるにはあります。サービス業の一部、たとえば百貨店の外商や航空会社のマイレージプログラムなんかはこの形にならないかもしれません。あとは会員制の高級焼肉店とか。ただ、こういった数少ない例外を除くと、ほとんどの市場では年に一回か二回しか買わない人が多く、図１－２（Ｐ31左）のような形でブランドは成長していきます。また百貨店や航空会社にしても、全体で見ればやはりライトユーザーが多くなるので、図１－２（Ｐ31右）のようにはなりません。ただ、右側のグラフのようになると思い込んでいる方や、このような曲線で成長させたいと思っている方が多いようです。

――ということは、本屋という業界も例外ではないと？

芹澤　本屋というカテゴリーでデータを取ったことはないんですけど、高い確率で左側に当てはまるだろうと思います。カテゴリーが縮小傾向にある中で、常連さんだけで維持する、ましてや成長するのは非現実的です。書店業界だと、むしろ実感されている方も多いのではないでしょうか。

――ライトユーザーを増やすこと、特に購入回数が0回の非購買層に一回買ってもらうことが重要だと書かれていましたが、あまり買ってくれない未顧客がブランドにとって「宝」になるのはどうしてですか？

芹澤　**売上の大半がファンによって支えられているというのは思い込みだからです。**たとえば、上位20％の優良顧客が売上の80％を支えているというパレートの法則ですが、実際は80％にはなりません。カテゴリーや集計期間にもよりますが、大体50～60％だと言われています（Dawes et al., 2022; Romaniuk & Sharp, 2022; Sharp, 2010）。80％近くになるのは五～六年といった長いスパンで見た場合です。では、そんなに長い間ヘビーユーザーでいてくれるのかというと、一年で半分くらいが入れ替わります。つまり、**ファンは簡単に他のブランドに離反しないというのも思い込みです。**こうした話を考えるときは、そのブランドがどのように買われるかが重要です。

――どのように買われるか、ですか？

芹澤　はい。市場はレパートリー市場とサブスクリプション市場の二つに分けられる

図１－２

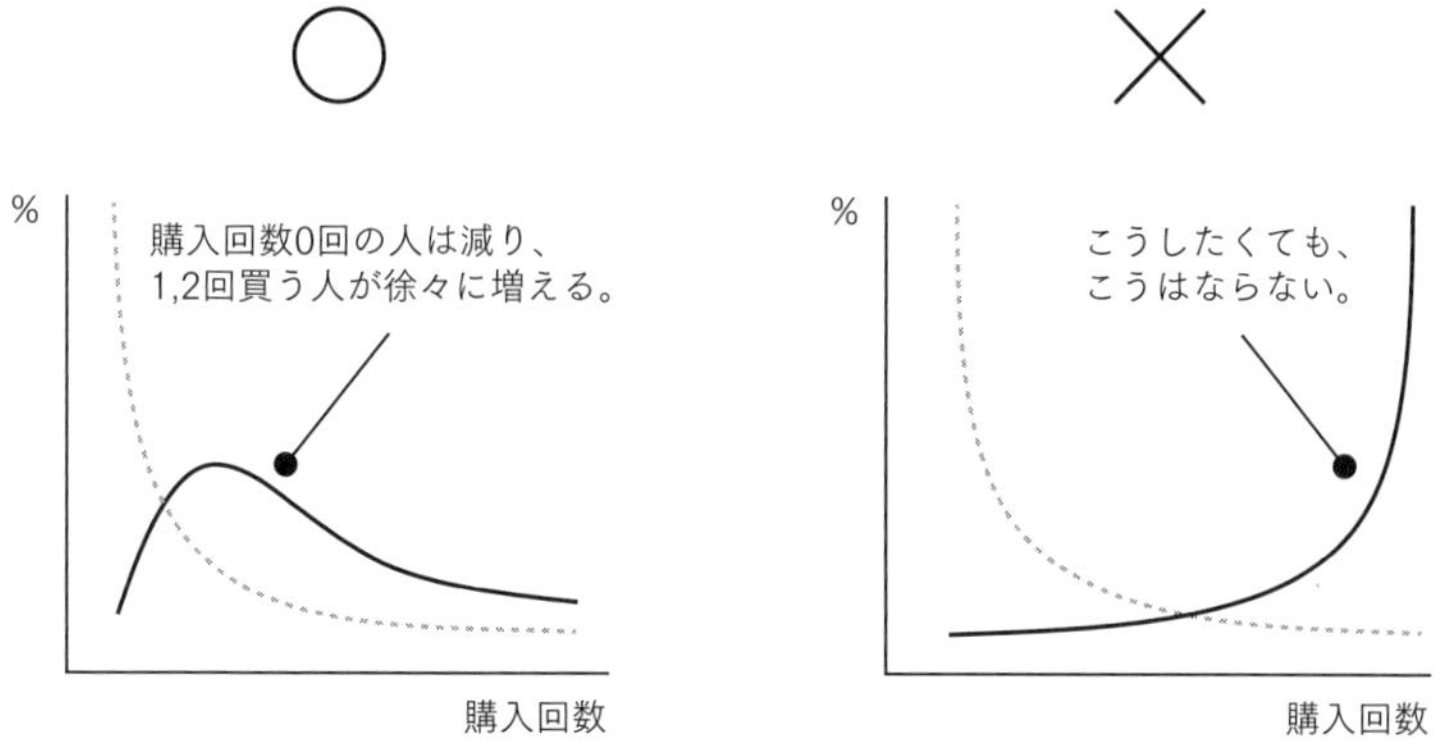

んですけど、サブスクリプション市場では一つの商品に決めたらあまり他のものを使うことはありません。たとえば携帯電話、ネット回線、電気・ガス・水道などです。逆に消費財のような購入機会ごとに都度意思決定が行われるカテゴリーでは、複数のレパートリーがあるのが普通です。たとえばスポーツドリンクであれば、アクエリアスやポカリスエットなどたくさんあるわけですが、こういう消費財の場合、ブランドスイッチすることがむしろ自然な購買行動で、あるブランドだけをリピートするという行動の方が例外なんです。専門的に言うと、我々は文脈とひも付いた想起集合から確率的にサンプリングしています。

――たしかに毎回同じものを買うわけではないですよね。

芹澤　どんなブランドもシェアに応じて競合と顧客を共有することが知られています（Sharp, 2010）。気分や状況、手に入りやすさなどによる偏りはあっても、

ポカリスエットを買う人はアクエリアスも買うんです。一つのものしか買わない人は極めて少数です。でも、この少数の人たちをファンだと思い、増やしていきたいと考える人がいるんですけど、そもそもそれができるのであれば、「負の二項分布」のような曲線にはならないんです。**市場は人間の身体と同じで、曲がる方向にしか曲がりません。**でも、みんな頑張って曲げようとするんです。定数と変数を取り違えてはいけないんですよね。定数は変わらないもの、変数は変えられるもの。「事業が負の二項分布に従って成長する」「カテゴリーにはそれぞれの買われ方がある」というのは定数側の話なので、企業の努力や工夫で変えられることではありません。なので、**ファンは簡単に他のブランドに離反しないというのはマーケターの願望でしかありません。**

――てっきりファンはリピートしてくれる存在だと思っていました。

芹澤　ファンのリピート率は高めやすい、というのも思い込みなんです。行動ロイヤルティを測定する指標にＳＣＲ（Share of Category Requirement）という考え方があります。特定期間におけるブランド購入量／カテゴリー購入量として定義されるのですが、あるカテゴリーを使用する量って決まってますよね？　たとえばシャンプーなら一日に何回お風呂に入り、何プッシュするかはだいたい決まっている、つまり、そのカテゴリーを使用する量は定数です。この中の何割を自社企業で取れるかがＳＣＲという考え方です。ここではざっくりと、リピート率と似たような概念と思ってください（厳密に言うと違うのですが）。SCRの数値が大きければリピートされやすく、小さければリピートされにくいわけです。ある消費財の研究では、カテゴリーのライトユーザーのSCRは平均75％、ヘビーユーザーのSCRは平均27％と報告されています（Dawes, 2020）。つまりライトユーザーほどリピートしやすく、ヘビーユーザーほどリピートしにくいということですね。

――一般的にはヘビーユーザーの方がリピートしやすいイメージがありますが、逆なんですね。

芹澤　はい。よく「ヘビーユーザーのロイヤルティを高めてリピートを増やそう」といった話を聞きますよね。その場合、ライトユーザーはこだわりがないからいろんなものを買うんじゃないか、逆にヘビーユーザーはこだわりが強く自分の価値観に合うものを選ぶからリピートを高めやすいんじゃないか、という前提で考えているわけですが、そうではありません。**カテゴリーの利用頻度が高い（ヘビー）という行動と、同じブランドをリピートする（ロイヤル）という行動は、実は相反します。**矛盾《むじゅん》する現象なんです。ライトユーザーはそのカテゴリーに対してそれほど需要が高くないので、そのカテゴリーにどのようなブランドがあって、どのような違いがあるのかをあまり知らないし、考えもしないんですね。新しいものを買って失敗したくはないけど、失敗しないために違いを調べたり時間を使ったりはしません。そもそも興味関心が薄いからです。

――リピート率が高いのは、ロイヤルティが高いからではなく、同じもので済ませているから高いということですね？

芹澤　そういうことです。逆にヘビーユーザーはいいものを、より安く、よりたくさん買いたい、コスパを重視する人たちです。ですから、あるブランドが他のブランドより高くなったら、いつも使っているものからすぐにスイッチします。

ブランドに対する好きという気持ち（態度的ロイヤルティ）が購買行動（行動的ロイヤルティ）につながるという思い込みを、一度外して考えてみてください。我々は「態度変容が行動変容につながる」と安易に期待しがちですが、平均的に態度と行動の相関は0・4もありません（Wicker, 1969; Kraus, 1995）。そんなに強い関係性ではないんです。そもそもみなさんは、普段の生活の中で、ブランドに熱狂したり細かな違いを吟味することがどれだけありますか？　他にやるべきことや考えなければいけないことが山ほどあるのではないでしょうか。それが普通の人です。ですから、いつものブランドで〝済ませる〟のです。つまり、**ブランドへの深い理解や熱狂がリピートを生むのではなく、無関心や習慣に基づく想起がリピートを生むんです。**

ヘビーユーザーとライトユーザーという別々の二人がいるわけではないんです

――「ファン」に関するイメージのほとんどが思い込みなんですね。

芹澤　他にもありますよ。ファンにはクロスセルやアップセルが効きやすいというのも思い込みです。ロイヤルティには上限があります。シャンプーの例で言えば、いくらファンだからと言って、広告を見るほどお風呂に入る回数が増えたり、プッシュ回数が増えたりする人はそういないわけです。生活習慣はマーケティングで簡単に変えられる変数ではないんです。

――たしかに本が好きで月に二十冊読む人が、急に月に五十冊読むようにはならないです。

芹澤　読める時間は決まっていますからね。それと、ファンはマーケティング次第で維持・育成することができるというのも思い込みです。**平均への回帰**（P36の図）といって、集団レベルで見ると、ヘビーユーザーは時間が経過するにつれてライトになっていく傾向があり、逆もまた然りです。あるものをよく買う時とそれほど買わない時がありますよね。たとえば、家の近所に新しいラーメン屋ができて最初は足繁《あししげ》く通っていても、そのうち少し飽きて行かなくなったりする。この場合、**ヘビーユーザー**

図1－3　平均への回帰

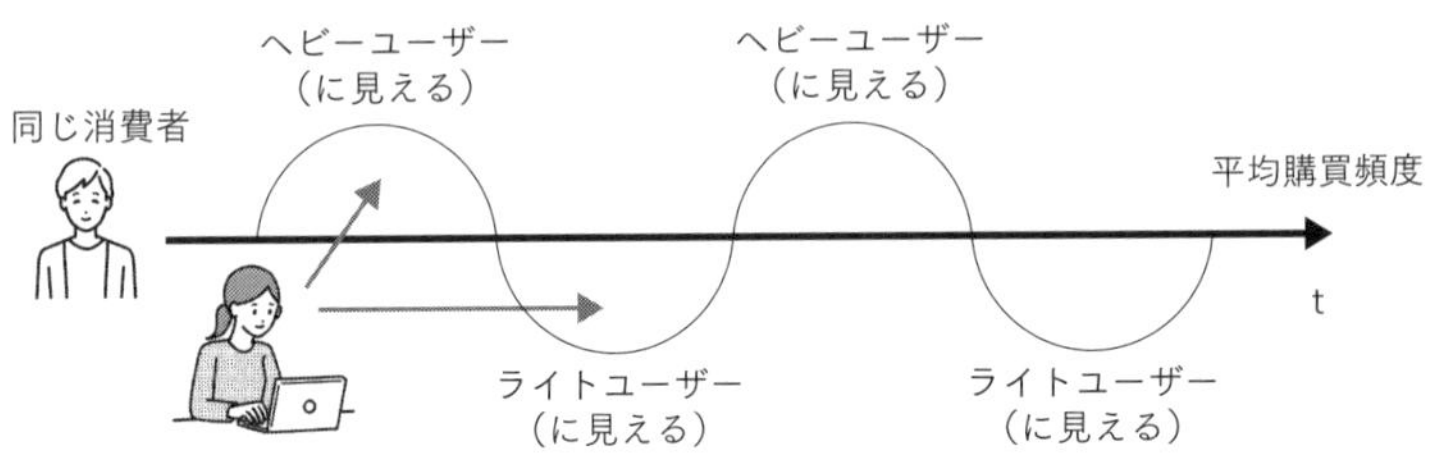

とライトユーザーという別々の二人がいるわけではないですよね。同じ人がヘビーユーザーになる時期があったり、ライトユーザーになる時期があったりするだけで、どの時点でデータを取っているかによってどちらにでもなり得るんです。

こうした傾向を知らないと、よかれと思った施策が思わぬ落とし穴にはまりかねません。よくヘビーユーザーの分析をしてペルソナをつくることがありますが、施策を打つ時点ではその人がライトユーザーになっていたりもする。ＬＴＶ（顧客生涯価値）が高い顧客に対して集中的に投資していこう、ヘビーユーザーの要望に応えてもっとたくさん買ってもらおうと思っても、施策を打っている頃には平均への回帰でライトユーザーになっていて、期待したほどのリターンは得られなかったというケースも結構あります。

――ノンユーザーやライトユーザーを獲得する上で重要なポイントは、未顧客の文脈に応じてブランドを再解釈することで、興味関心を持ってもらうことだと書かれていますが、具体的にどのような事例がありますか？

芹澤　ビジネスメディアなどで公に紹介されているものだと、二〇二二年にヒットした「Yakult1000／Ｙ１０００」が事例としてあげられます。あくまで私の解釈ですが、従来のヤクルトのイメージは、「家族の健康を守る」「昔からある親しみやすさ」といった安心感があり、腸内環境の改善、つまり腸活文脈での想起に強みがあるブランドです。ですが、腸活カテゴリーにはすでに各社が参入していて競争が激しいわけです。そこでどうしたかというと、日経クロストレンドの記事*によれば、三十〜五十代のビジネスパーソンをターゲットにして、「ストレスの緩和」「睡眠の質向上」という解釈にして大ヒットさせているようです。雑誌「日経トレンディ」の「２０２２年ヒット商品ベスト30」の一位になっています。ヤクルト史上最高密度の「乳酸菌　シロタ株」が入った乳製品乳酸菌飲料で、成分的なイノベーションはもちろんあるんですけど、あえて腸活市場ではなく、睡眠の質向上、ストレス緩和という文脈に変えて大ヒットさせています。

――　未顧客の文脈に合わせてヤクルトの価値を提案したわけですね。他にも事例はありますか？

芹澤　もう一つ、低価格帯の二四時間フィットネスジム「chocoZAP」の事例があり

＊ https://xtrend.nikkei.com/atcl/contents/18/00698/00005/

図1－4　スポーツドリンクのCEP例

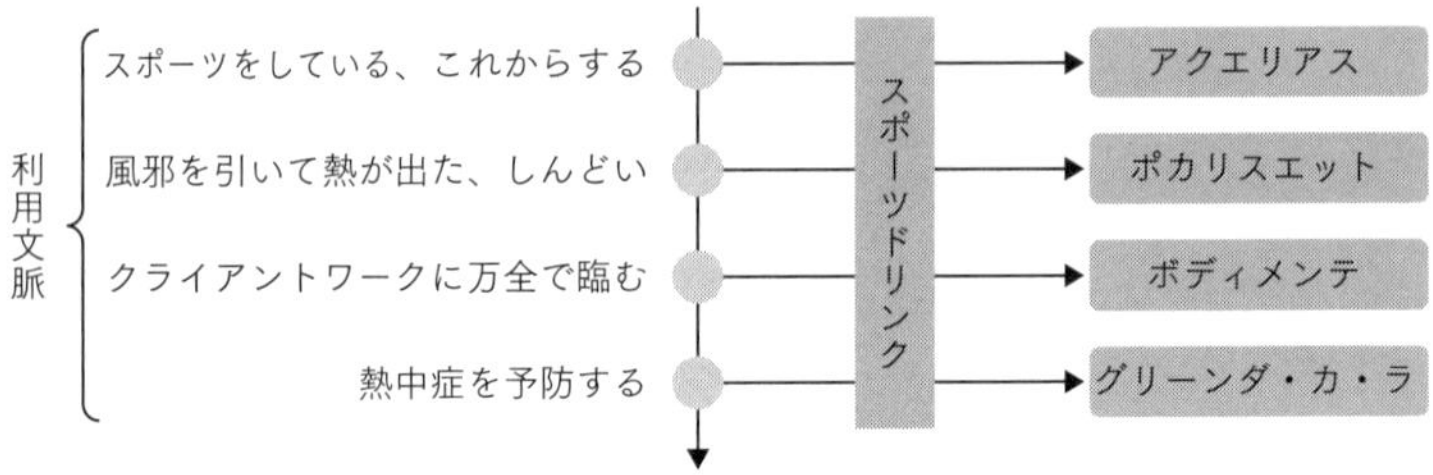

ます。こちらも日経クロストレンドの記事からですが、ブランド名を隠した四七のリアル店舗で大規模なフィールド実験を行ったそうです。マシンの利用行動から、契約の意思決定導線に至るまで徹底的なA／Bテストを行い、業界の定石に縛られない「利用文脈×サービス×価格」の組み合わせで、従来のフィットネスジムでは獲得できなかった未顧客の取り込みに成功しているようです。私の友人で体を動かしたり筋トレしたりすることとは無縁だった人が「chocoZAP」を利用しているみたいなんですけど、コンビニや銭湯などに行くのと同じ気楽さで行ける点がよいと言っていました。着替えを用意したり、痛めないようにテーピングをしたり、ちゃんと準備をしてトレーニングをしに行く場所から、コンビニや銭湯に行くような感覚で利用できる場所に文脈を変えてヒットさせています。

――多くの未顧客を獲得するには、ブランドへの入口となるＣＥＰ（カテゴリーエントリーポイント）を増

＊ https://xtrend.nikkei.com/atcl/contents/18/00857/00001/

図1－5　大きなブランドは“間口”が広い

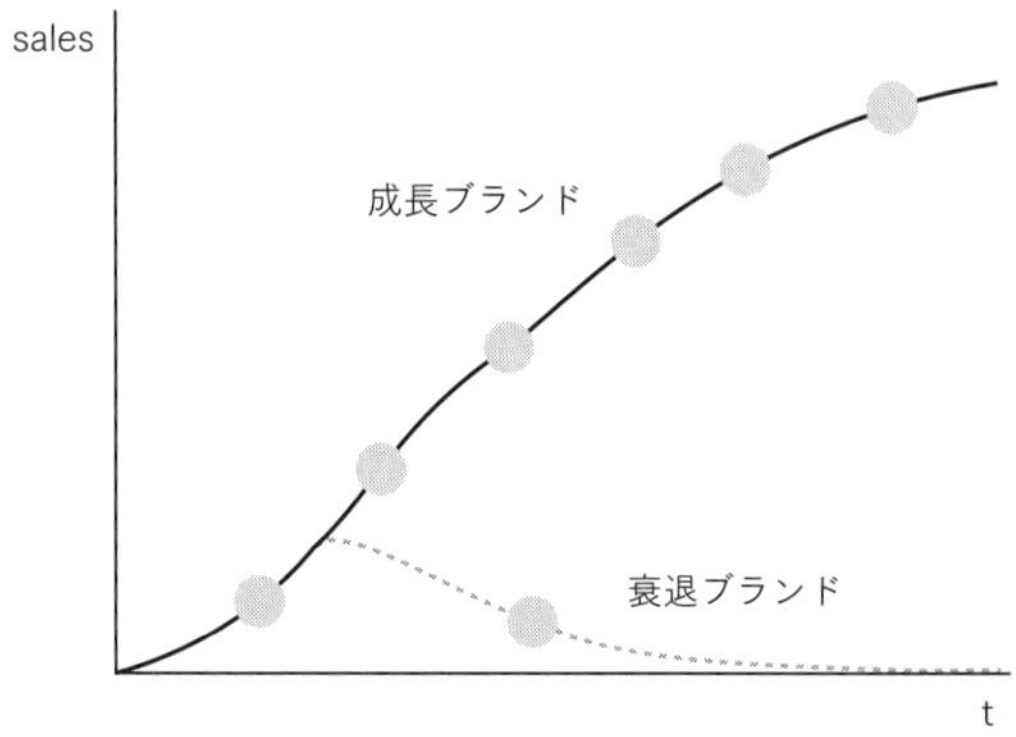

やす必要があると書かれていますが、CEPとは具体的にどのようなものでしょうか？

芹澤　南オーストラリア大学アレンバーグ・バス研究所のジェニー・ロマニウク教授が提唱している考え方で、購買の選択肢を考え出すきっかけとなる思考や状況的な手がかりのことをCEPと言います。たとえば、スポーツドリンクであれば、夏の暑い日に営業で外回りをしていると喉《のど》が渇きますよね。これがCEPです。要はそのカテゴリーを利用する入口のことです。他にも、スポーツをする時、風邪をひいて熱が出た時、熱中症を予防したい時等、いろいろなCEPがあります（P38の図1－4）。

芹澤　一般的にシェアの大きなブランドは入口の数が多く、シェアの小さなブランドは入口の数が少ないと言われています（Romaniuk & Sharp, 2022）。シェアの大きなブランドは間口が広いため、ライトユーザーが入ってきやすいわけです。一方で、衰退していくブランドは入口が少なく、想起してもらえなくなるわけです（P39の図1－5）。蔦屋書店やT-SITEにはものすごくたくさんのCEPがありますよね。休日に子どもを連れて遊びに行ける場所でもあり、個人的な知的好奇心を満たせるカルチャーと出合える場所でもあり、カフェでお茶ができる場所でもあり、落ち着いて仕事ができる場所でもあり、ネイルやヘッドスパが受けられる場所でもある。つまり、想起されるシーンやオケージョンが単純に多いので選ばれる確率も高くなり、それが浸透率の高さに反映されていきます。なので、ブランドと結びつくCEPの数を増やすことが重要なんです。

本を読まない人の大半は本に対して無関心本を読むメリットやベネフィットを伝えても意味がない

――「本」という商材のCEPを、時間軸と目的軸でそれぞれ考えてみました（図1－6、1－7）。このような考え方で合っていますか？（P41、43の図）

芹澤　時間軸の方はカスタマージャーニー視点、目的軸の方はジョブ視点のCEPですね。ジョブというのは、ハーバード・ビジネス・スクールの故クリステンセン教授が提唱した考え方です。行動には目的があり、そのゴールから見て本（あるいは本

図１－６　時間軸で見た本のCEP

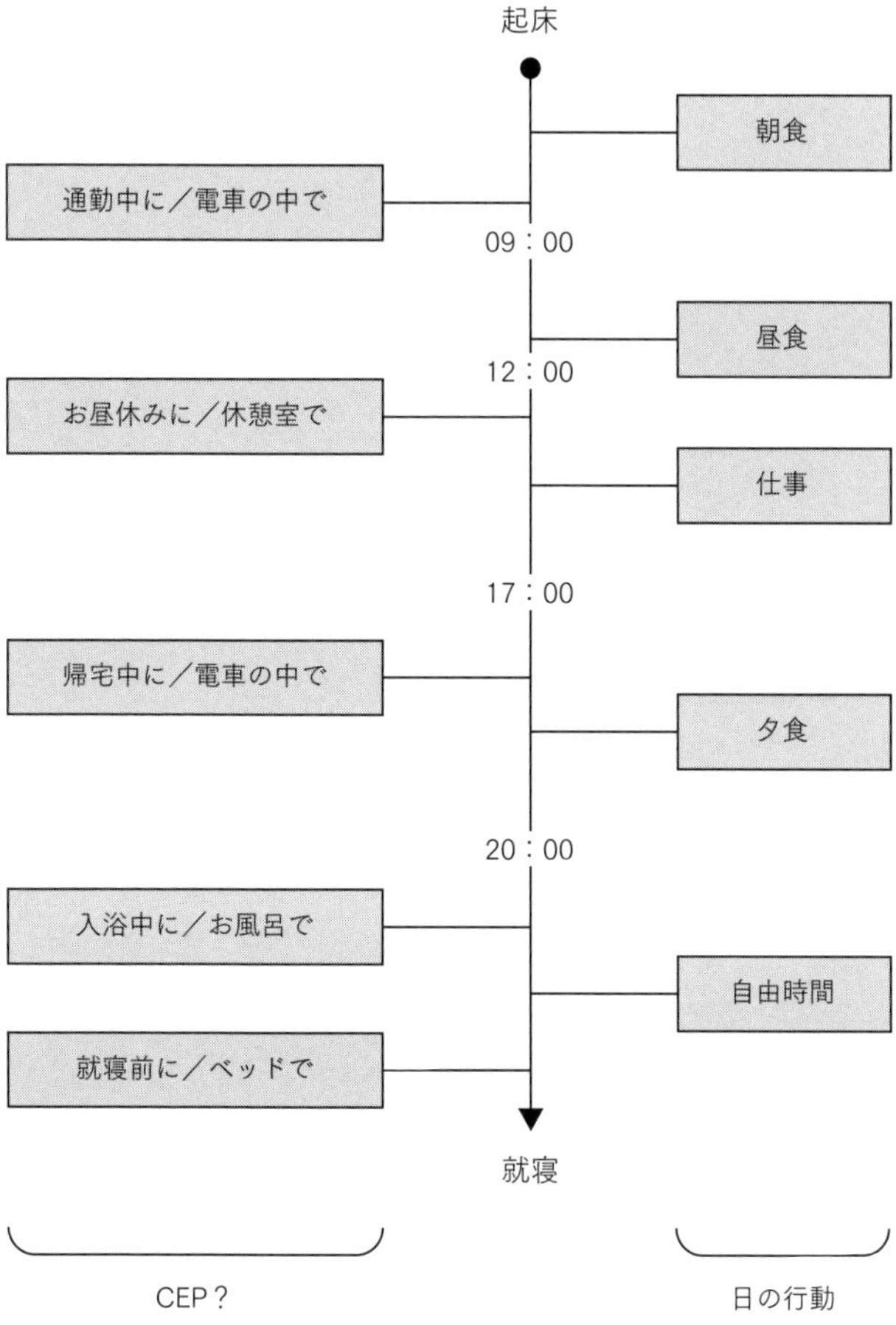

屋）がどのような価値になるのか、という視点で考えてみるわけです。両方ともCEPを探すためには有効な視点ですが、マーケティングでは「カスタマージャーニーを起点に、ジョブを掛け合わせて使う」ことが多いです。つまり、「どんな時にどんな目的をもって本を読むのか」という「オケージョンやタイミング×ゴール」という掛け算でCEPを定義します。そして、私がコンサルするときは、さらに「状況的手がかり」を掛け算に入れることが多いです。特に施策を考える時には、「どんな時に、何が手がかりとなって、どんな行動が起こるのか」という一連の流れを捉え、そこでのゴールを明らかにして、どんな提案をすれば価値になるのかを考えます。

——CEPを増やすためのコツがあれば教えてほしいです。

芹澤　基本的には、すでに存在する既存のCEPにおいて「本を読もう」と思ってもらうことを考えましょう。たとえば、「通勤通学の時間つぶし」という状況で、いかに「本を読む」という選択肢を想起してもらえるかが重要です。

——いきなり、今まで本を読まなかったようなタイミングで本を読んでもらおうとするわけではないということですね。

芹澤　そうです。本を読んでもいいよねというタイミングで本という選択肢を想起してもらうことがまずは大事です。これはメンタルアベイラビリティといって、「カテゴリーニーズが生まれた時に自社ブランドが想起される確率」を高めることが重要だ

図1－7　目的軸で見た本のCEP

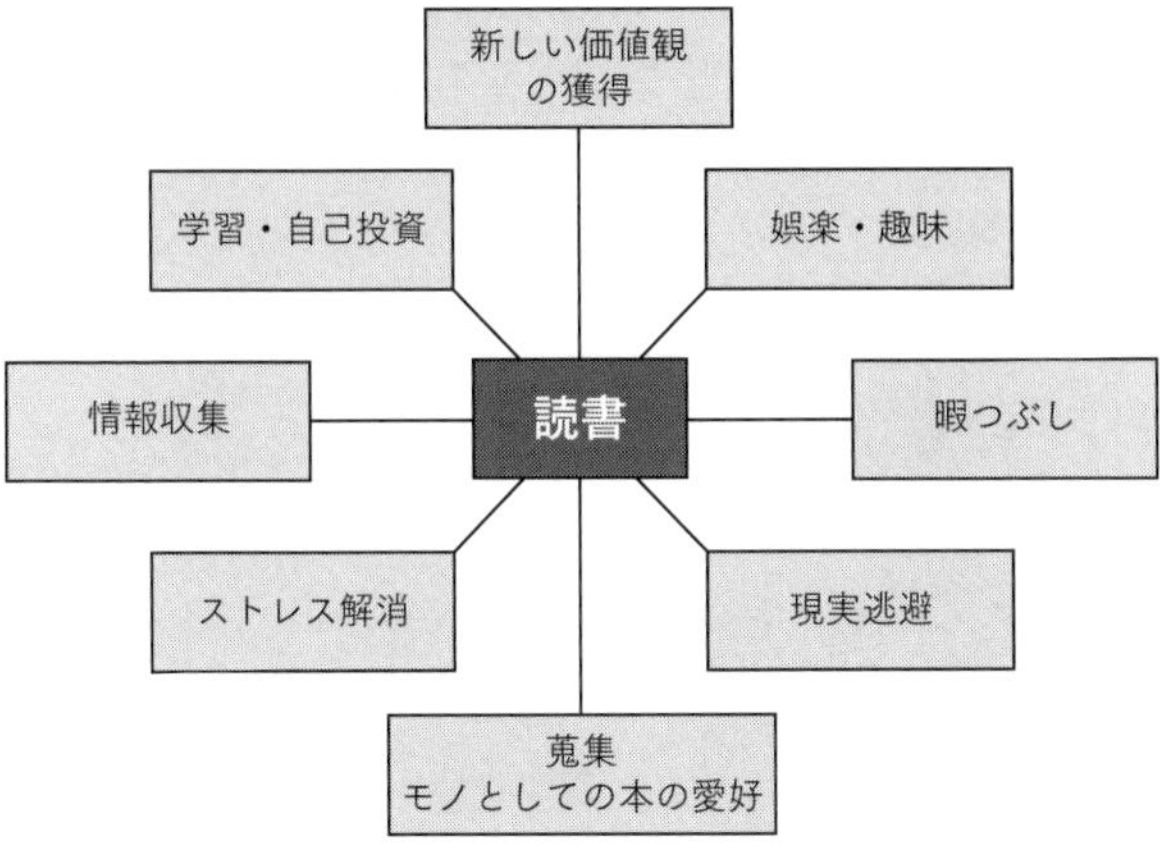

と言われています。ただ、今回のテーマでいえば、もう一段視点を上げて、本が価値になりうる様々な生活文脈、タイミング、場所、オケージョンで、「本」というカテゴリーを想起してもらうこと、「本を読む」「本屋に行く」という行動を思いついてもらう回数を増やすことがゴールになるんじゃないでしょうか。

――「本」のCEPを見つける場合、便益競合（同じ便益を提供する競合）や未顧客の行動からどのようなCEPを見つけられそうでしょうか？

芹澤　本の便益競合はSNSやゲームアプリ、マンガ、動画などが挙げられますが、それに取って代わるというよりも、「本というプロダクトの特性」がしっかり価値になるCEPを絞り込んでいく必要があると思います。たとえば、はじめて聞いた言葉を調べる時は何で調べますか？

――まずはスマホで検索します。

芹澤　本屋に来て本を調べることはしませんよね。かつては本もそういった目的で使われていたわけですが、今では簡単な調べものや大まかに知りたいことがある時に本という選択肢を選ぶ人はほとんどいないわけです。なので、そういうCEPではなくて、本がこれらより上回ることができるCEPに絞り込んでいかなくてはなりません。本というプロダクトの特徴がしっかりと価値になる文脈は何か。これが問うべきイシューです。

――ジョブベースでCEPを探すコツはありますか？

芹澤　このインタビューのためにいくつかの書店に足を運び、SNSもチェックしてみたのですが、店頭プロモーションもSNSも大半が「本を読む人から、本を読む人への提案」になっているんですよね。つまり未顧客ではなく、既存顧客への提案になっている。お薦め本のコーナーは有名作家の特集になっていたり、比較的読みやすい純文学入門の特集になっていたり、それこそ移動時間でさくっと読める文庫本特集になっていたり、既存顧客向けの店内プロモーションとしてはそれでいいのですが、**本を読まない人の大半は本に対して無関心、あるいは苦手意識を持っている人が多いはずなので、本を読むメリットやベネフィットを正面から伝えても意味がありません。**読まない人に対して「読みやすい本です」と訴求《そきゅう》しても、「いや、本は読まないので」となってしまいます。

――お酒を飲まない人に対して「わりと飲みやすいお酒です」と訴求しても、「いや、お酒は飲まないので」となってしまうのと同じですね。

芹澤　つまり、**本がゴールになり過ぎているんです。**本の愛好家の人たちにとっては本を読むことがゴールなのかもしれません。でも、大半の人は何か理由があって本を読むはずです。趣味だから、とか、資格試験の勉強をしているから、とか。大半の人にとって、本を読むことはゴールではなく、ゴールを目指すための手段だと思います。ですから、生活文脈で何かしらのニーズやジョブが生まれた時に「本を読んで解決しよう」「知識を深めよう」と思いついてもらうことが必要になります。なので、CEPを探すにしても、本の魅力を伝えるにしても、顧客のゴールを軸に考えてみるとよいかもしれません。

――どのようなゴールに着目すべきでしょうか？

芹澤　ポイントは二つあります。一つは「**大きめのニーズがあるところに確実に価値になる切り口を置きに行く**」こと。ライトユーザーでも持っているようなゴールに対して、確実に刺さるような本の価値を、繰り返し、定期的にリマインドするということです。もう一つは「**企業視点ではなく、当事者視点のゴールである**」ことです。週末の家族の団欒に純文学を提案しても意味がないですよね。企業側の視点で売りたいものを押し出すのではなく、当事者が抱えている課題に対して本の価値を提案しなければなりません。

いつもの習慣が途切れるタイミングを狙いジョブと価値を組み合わせる

――事業成長のためにCEPの質を高めるという方法は考えられますか？　たとえば、「移動時間に／暇つぶしで」本を読むというCEPの質を高めるために、「移動時間に本を読む」ことを強く訴求していくというようなイメージです。それとも、CEPは質を高めることよりもとにかく数を増やすことが重要でしょうか？

芹澤　理論的には数ですが、両方大事です。ただ、「移動時間に本を読みましょう」と言って行動が変わるのは、日常的に本を読む人だと思います。本を読む習慣がない未顧客に対して、本を読む習慣がある人のCEPを展開するというのは厳しいです。ヘビーユーザーが感じている価値をライトユーザーに伝えても行動変容が起きないケースはよくあります。そういう時にどうするかというと、**いつもの習慣が途切れるタイミングや、あるジョブが発生するシーンにこちらから寄り添いに行くんです。**

――たとえば、どのような事例がありますか？

芹澤　今、電動キックボードが流行《はや》っていますが、通勤や通学といった移動は、習慣の影響を強く受ける〝ルーティン〟なので、いくら新しいベネフィットを訴えても、「なるほど、じゃあ通勤電車の定期券を払い戻して、明日からはキックボードで会社に行こう」とはならないんですよね。でも、旅行や帰省のようにいつもの習慣が途切れるタイミングであれば、「面白そう、試してみるか」と思ってもらえる可能性があります。最近は地方の観光地でも電動キックボードの導入が盛んですが、確かにタイパよく観光スポットをまわれますし、自転車ほど疲れませんし、車みたいに駐車場探しに困ることもありません。こうした体験を先にすることで、「ちょっとした移動ならキックボードもありだな」という日常使いの習慣が始まるかもしれません。

――なるほど、うまいやり方です。

芹澤　いきなりいつもの移動手段を変えましょう、というような訴求だとうまくいかないんです。このやり方がうまいのは、消費者を「変えて」買ってもらおう、使ってもらおうとしていない点です。人間の習慣は変わらないということを前提に、いつもの習慣が途切れるタイミングを見計らい、少しだけ背中を押しているわけです。このやり方を応用すると、いろんな道が見えてくるかもしれません。

――いつもの習慣が途切れるタイミングやオケージョンに着目するわけですね。

芹澤　そうです。たとえば、旅行で日光東照宮《にっこうとうしょうぐう》に行けば、普段歴史書に興味がない人でも、神社や仏閣《ぶっかく》、徳川家康の治世、江戸時代の人の思想や暮らしぶりに想いを馳せたり、当時の食べ物について考えたりする可能性があります。そうしたタイミングで、歴史本やレシピ本に接触させると受け入れられやすいかもしれませんよね。いずれにしても、消費者の生活文脈、ゴール、ブランドの特徴をどう組み合わせれば価値になるか、という視点が大切です。

なぜ、「本を買う」というニーズしか満たさないのか？　本屋って、もっと色々なコトの入口になっていい

――他にＣＥＰの質を高める方法はありますか？

芹澤　**「本を読むことにプラスアルファの報酬を加える」という方法も考えられます。**元々の習慣から得られる報酬が本を読むことでさらに大きくなるなら、本を読んでもらえる可能性があります。たとえば、旅行会社やホテル、航空会社や鉄道会社と組んでポイントプログラムにするという方法があるかもしれません。旅行や観光に行った時、その観光地にまつわる本を読んだらポイントがもらえて、そのポイントを書店や次の旅行で使えるようにする、というようなプログラムです。旅行って本が好きかどうかにかかわらず行きますよね。そこに本との接点を設けるんです。

私は兵庫県の城崎《きのさき》温泉が好きでよく行くんですけど、城崎やカニにまつわる本を読んだら、ポイントがたまりそのポイントが次の城崎旅行や書店で使えるのはどうかなと。未顧客はお気に入りの温泉地の意外な一面を発見してより好きになり、ポイントがもらえてまた次に来やすくなる。

――**読書以外の習慣を、本へのCEPにするということですね。**

芹澤　その通りです。

「旅行」を「本」の入口（本を読まない人が読む機会、いつもは読まないジャンルの本を読む機会）として捉え、旅行本来の体験価値と掛け算することで、より大きな報酬として提案するわけです。

未顧客、本屋、観光地の三方よしです。

――利用文脈やジョブを起点に考えると様々な可能性が見えてきます。

芹澤　大半の本屋は「本を買いに行く」というニーズに立脚しています。しかし、未顧客にとって、本を買うというのは何か別のゴール（ジョブ）を解決するための手段です。であれば、これからの本屋はもっといろいろな文脈で、さまざまなジョブを解決してもいいのではないかと思います。極端な話、本屋に本を買いに行かなくてもいいのではないでしょうか。本屋の雰囲気の中でコーヒーを飲んだり、旅行の計画を立てたり、ホテルのカフェの代わりに商談に使ってもいいかもしれません。蔦屋書店にはそういう視点が感じられますよね。

一方、蔦屋書店と別の切り口としては、もっと機能性やエンタメ性に寄せた、ホームセンターや学園祭のような見せ方の本屋もあっていいのではないかと思うんです。本に書いてあるレシピを試食できたり、新しい趣味を試してみるためのワークショップがあったり、そこでそれに必要な材料やスターターキットを購入できたり。ジョブごとに入門書から専門書、それを体験するためのステージがあるイメージです。

――本屋に足を運ぶ目的が一気に広がりますね。

芹澤　なぜ「本を買いに行く」というニーズしか満たさないのか。「だって、本屋だから」と言う人がいるかもしれませんが、蔦屋書店はそうなっていないですよね。蔦屋書店にたくさんの人が集まるのは間口が広く、実際に行ってみるとさまざまなジョブが解決できて、それが再来店の想起を強化するという、フィードバックサイクルがあるからです。「本を売る」という視点だけでは、本を読まない未顧客が入ってくる間口を機会損失します。本屋って、もっと色々なコトの入口になっていいと思うんです。

その意味では、**本屋だけではなく、「書店員さん」も再解釈できるかもしれません**。たとえば、それぞれの書店員がミクロなジョブを解決する専門家になっていくという道筋はどうでしょうか。現在、書店の本棚や一区画を借りて、自分の好きな本を販売することができるシェア型書店の動きがありますが、もし書店員が自店の中にそれぞれの〝ハコ〟を持ち、好きに活動できるとしたら？　書店員に「本を売る」以外のコトを好きにやらせてあげる部活のような。好きな本の著者を呼んでトークイベントをしてもいいし、自分が先生になって教室をやってもいいし、一緒に趣味の活動をするコミュニティでもいいし。せっかく本屋という「知識と経験の源泉」のような場所にいるわけですから、本を売るだけではなく、自らのインプット&アウトプットを通して直接お客さんの役に立つ、という側面をもっと強調してもよいと思います。

それが本を読まない人への入口になるかもしれませんし、ＣＥＰの手数を考えれば、その起点となるのはやはり個々の書店員さんだと思います。企業はそうした取り組みを積極的に支援してもよいのではないでしょうか。本屋は本を売るだけじゃない、という意識が現場から自主的に生まれてきますよね。小規模のテストから始めてみればいいのに、そのような「書店員が主役の本屋」ってあまり見かけません。もったいないと思います。

――蔦屋書店のコンシェルジュがそれに近いかもしれません。

芹澤　人を中心とした価値創出はリアル書店ならではですし、そうした取り組みを通して、「何か面白いことがあるかもしれないから、あの書店に行ってみよう」とか「暇つぶしにあの本屋に行ってみよう」といった、かつての本屋に備わっていた薄いパーセプション（認識）が再度広がるかもしれません。

〝未〟と〝未〟をつなぐ接点としての本屋
「本屋自身がCEPになればいい」という視点

芹澤 最後にお話しするのは「〝未〟と〝未〟をつなぐ接点としての本屋」です。かつて本屋は、自分の知らない知識や、未知の世界との思いがけない出合いが一つの提供価値だったと思います。しかしこれからは、その再解釈が求められるのではないかと思うのです。

―― 少し詳しく教えてください。

芹澤 たとえば、二子玉川《ふたこたまがわ》蔦屋家電では珍しいガジェットや最新の家電と出合えます。これは、未顧客が未知の家電と出合っているわけですよね。その文脈が本への動線にもなっている。この構図をベースに、要素を入れ替えてみてはどうかと。

たとえば「スーパーや商店街で晩御飯の買い物をする前に寄る本屋」なんてどうでしょうか。「今日の献立をワンランクアップ」といったコンセプトで何かしらミニ料理教室のような催しを行い、買い物に行く前に、何か一つ新しいレシピや技術を覚えられるという体験を提供するわけです。そうすると、「いつもの買い物の前にふらっと寄る」というCEPができます。ファッションであれば「百貨店やアパレルショップに行く前に寄って、今年の流行や着こなしをチェックする」でもいいかもしれません。ビジネスパーソン向けには「話題のビジネス本を学び、アイデアを出し合う異業種座談会」を定期開催してはどうでしょうか。朝活やリスキリング文脈に想起を広げられるかもしれません。いずれにしても、**本屋ならではの価値である「思いがけない未知との出合い」に軸足を置きつつも、未顧客への新しい入口を開拓する取り組みになるのではないでしょうか。**

　また、少しスケールを大きくすると、「都会と地方が本屋で出合う」というのも考えられます。地方には優れた観光資源があるものの、やはり知名度が低く、想起獲得に苦労されています。そこで、都会の観光客と地方の観光資源をつなげる役割を本屋が担うというのはどうでしょうか。

――　具体的にどのようなことができそうでしょうか？

芹澤　たとえば「気軽に次の旅行プランを相談できるコーナー」を設けてはいかがでしょうか。地方の広報担当者を招いてトークイベントのように観光プランをプレゼンしてもらうのもありですし、食や特産物などの展示があってもいいかもしれません。また、現在はあらゆるコンテンツで聖地巡礼が流行っていますから、「本の聖地巡礼を旅行プランごと相談できる」などは本屋の強みを活かせそうです。そのコンテンツや著者に詳しい書店員さんを〝聖地巡礼プランナー〟として配することができれば、さらにユニークな入口を作れるかもしれません。

そうすると、本屋を介して都会から地方へ観光客を送るという流れができ、書店には「面白い旅行プランニングなら●●書店」という新しいＣＥＰができ、関連する本を売ることもできます。「東京や大阪にはもう何度も来たから、ジブリのような世界が見てみたい」といったインバウンド需要も拾えるかもしれません。

他にも「生産者と食卓が本屋でつながる」とか、「住宅メーカーと組んで書斎のモデルハウスをつくる」とか、「飲料メーカーと組んで読書専用ブレンドをつくる」とか、**本屋自身がＣＥＰになればいいんです。**

――本屋自身がＣＥＰになるという発想はありませんでした。他にもいろんな可能性があるかもしれません。

芹澤　最後に大事なことをお話ししておきます。どちらかというと経営幹部向けの話になりますが、ここで挙げたいくつかのアイデアは、私の思いつきではなく、『〝未〟顧客理解』やその続編である『戦略ごっこ』（日経ＢＰ）を執筆する際に調べた先行研究から着想した話です。しかし、「金をかけずにサクッと上手くいくマル秘テクニック」のようなものはありません。たとえば先に書店員も再解釈できるという話をしましたが、これは「彼・彼女らがやりたいことを応援する」という視座に立ち、そのための環境を整え、書店員を本屋の第二の主役にしてあげてください、という意味です。書店員に丸投げして、「ＳＮＳをうまく使ってバズらせてよ」みたいなのは全くよろしくありません。少なくとも、本というメインプロダクトと同等に価値のある資産だという認識を持ち、投資しないと成立しないと思います。みなさんの競合はインターネットやエンターテインメント、ＡＩといった、莫大な予算を持つ企業がプロのマーケターを雇ってしのぎを削っている世界です。現実問題としてそれは変わりません。その中で、未顧客に様々なタイミングで本や本屋を想起してもらうためには、やはりアイデアだけではなくお金も時間もかかります。地道に、かつ戦略的に実行する体制が必要かと思います。

芹澤 連（せりざわ れん）
株式会社コレクシア　執行役員
マーケティングサイエンティスト。数学／統計学などの理系アプローチと、心理学／文化人類学などの文系アプローチに幅広く精通。非購買層やノンユーザー理解の第一人者として、消費財を中心に、化粧品、自動車、金融、メディア、エンターテインメント、インフラ、Ｄ２Ｃなどの戦略領域に従事。エビデンスベースのコンサルティングで事業会社の市場拡大を支援する傍ら、執筆や講演活動も行っており、企業研修などの講師を務める。著書に『顧客体験マーケティング』（インプレス）、『“未”顧客理解：なぜ「買ってくれる人＝顧客」しか見ないのか？』（日経ＢＰ）、『戦略ごっこ―マーケティング以前の問題』（日経ＢＰ）。日本マーケティング学会員。海外論文を読むのが日課。

引用文献

Dawes, J. (2020). The natural monopoly effect in brand purchasing: Do big brands really appeal to lighter category buyers?. Australasian Marketing Journal, 28 (2), 90-99.

Dawes, J., Graham, C., Trinh, G., & Sharp, B. (2022). The unbearable lightness of buying. Journal of Marketing Management, 38(7-8), 683-708.

Kraus, S. J. (1995). Attitudes and the prediction of behavior: A meta-analysis of the empirical literature. Personality and Social Psychology Bulletin, 21(1), 58-75.

Romaniuk, J., & Sharp, B. (2022). How brands grow part 2: Including emerging markets, services, durables, B2B and luxury brands (Rev. ed.). Oxford University Press.

芹澤連（2022）『“未”顧客理解：なぜ「買ってくれる人＝顧客」しか見ないのか？』日経ＢＰ

芹澤連（2023）『戦略ごっこ―マーケティング以前の問題：エビデンス思考で見極める「事業成長の分岐点」』日経ＢＰ

Sharp, B. (2010). How brands grow: What marketers don't know. Oxford University Press.

Wicker, A. W. (1969). Attitudes versus actions: The relationship of verbal and overt behavioral responses to attitude objects. Journal of Social Issues, 25(4), 41-78.

第一章では、本屋を「狭義の本屋」と「広義の本屋」とに分けて定義し、広義の本屋の仕事は未来の読者を創ることだと述べました。また、普段本を読まない未顧客（ノンユーザーやライトユーザー）を顧客化することが、業界の成長にとって必要不可欠だということを示しました。

『〝未〟顧客理解　なぜ「買ってくれる人＝顧客」しか見ないのか？』の著者である芹澤連さんへのインタビューを通じて、本を読まない人に対してどのように本の魅力を伝えるべきか、本屋に足を運んでもらうためにどのような方法があるかを教えていただきました。また、従来の本屋の多くが「本を買いに行く」というジョブしか解決できていないという状況に触れ、本屋自身がCEPになればよいのではないかと提言いただきました。一方、現実的な問題として、ライトユーザーに本を想起させたり、本との接点をつくるためにはお金や時間がかかる、というお話もお聞きしました。これはまったくその通りだと思います。お金をかけずにうまくやろう、というような甘い考えでは大きな変革は望めません。

ですが、お金がなければ何もできない、というわけでは決してなく、本を読まない人たちに本の魅力を伝える小さな取り組みは誰にでも実践可能です。本書ではそういった取り組みを実践されている方々にお話を聞くことで、本の魅力を広く伝えたいと考える読者を触発し、「まずは自分も何かやってみよう」「こんなことなら自分にもできるかもしれない」と思っていただけることが重要だと考えています。つまり、身の丈に合ったやり方で、誰もが「広義の本屋」になれるし、その数が増えれば増えるほど、新たな読者を創れる可能性があるという考えです。地道な草の根活動のようにも思えますが、ああでもないこうでもないと議論をしたり、誰かがやった取り組みを安全な「外野」から評論するよりも、規模が小さくてもいいから、まずは「当事者」として何かを自分で実践してみることが大事です。口だけの評論家ほどダサいものはありません。口を動かすヒマがあるなら手を動かせ、というのが私の主義です。自分自身もこの十八年間とにかく手を動かし続けてきました。

第二章では、本を読まない人（とりわけ若い世代の未顧客）に対して、本の魅力を伝え続けている二人の「広義の本屋」にインタビューをします。一人は元高校国語科教諭の嘉登隆さん、もう一人はTikTokで小説を紹介しているけんごさんです。お二人の取り組みはいずれも前例がないユニークなもので、着実に新たな読者を増やしています。本を読む習慣がない若い世代にとって、本との接点のほとんどは家庭か学校です。両親が本を読まず、自宅に本がない環境で育つ場合、本との接点はほぼ学校のみにしぼられますので、中学や高校の国語の先生が担う役割は大きいはずです。また、SNS全盛期の今、本に興味を持たない十代～二十代の方々に小説の面白さを様々な工夫を凝《こ》らしながら伝えているけんごさんの取り組みも、これからの明るい未来を感じさせてくれる稀有《けう》な事例です。お二人の事例から、新たな読者の創出を加速させていくために何が必要か、他にどのような取り組みが可能かを考えるヒントにできればと思います。

第二章

本への入口を創る

第一節

高校国語科教諭は本屋か？

誰にだってきっかけがある

世に数多《あまた》いる読書家のみなさんにも、読書家ではなかった時代が必ずあります。何かがきっかけになって本を読むようになり、徐々に本を読むことが好きになっていくのです。最初の読書体験が豊かなものでなければ、次の本を読もうという気持ちにはなりません。多くの人にとって、最初の読書体験は家庭か学校のどちらかがきっかけになっているのではないでしょうか。

私の場合、親が本を読むタイプの人間ではなかったので、本を読み始めたきっかけは小学校の図書館でした。書店員や出版社で勤務されている方の中には、とにかく子どもの頃から大の本好きで、学校の図書室にある本を片っ端から読み漁《あさ》っていたとか、お年玉やお小遣いを握りしめて近所の本屋に本を買いに行くのが日課だったとか、幼い頃から本の魅力に取り憑《つ》かれている人が多くいますが、私にはそのような経験がありません。

小学生の頃に図書館で読んだ「江戸川乱歩・少年探偵団」シリーズのページを繰る時の黴《かび》臭さや、森絵都《もりえと》さんの『宇宙のみなしご』『リズム』を読んだ時のほろ苦い切なさは今でも鮮明に記憶されていますが、小中学生の頃の私は野球に夢中で、取り立てて本が好きだったわけではありませんでした。好きでも嫌いでもない存在だった本から距離をおくようになったのは高校生になってからでした。高校の国語の授業がつまらなかったことと、夏休みのたびに課される読書感想文の宿題が本と距離をおくようになった原因でした。

読書嫌いから読書好きになった理由

高校生の頃に課された読書感想文の宿題が苦痛過ぎて、あれから二十数年経った今でも、何を読まされたのかをよく覚えています。辺見庸《へんみよう》『もの食う人びと』（角川文庫）、夏目漱石『こころ』（新潮文庫）、池澤夏樹《いけざわなつき》『バビロンに行きて歌え』（新潮文庫）の三冊です。自他ともに認める、記憶力の乏《とぼ》しい私がはっきり記憶しているのですから、よっぽど苦痛だったのだと思います（今になって思えば、三冊とも読み応えのある良書なのですが、出合い方が悪すぎました……）。

面白いかどうかもわからない本を、最後まで読まなければならない（宿題とはいえ無理やり読まされ、多くの時間を奪われる）ことがとにかく嫌で、高校一年生の頃からまったく本を読まなくなりました。しかし、そんな私が文学に首ったけになってしまったのもまた、「国語」がきっかけでした。高校三年生の夏、センター試験の過去問を解いていた時、山田詠美《やまだえいみ》さんの小説に出合ってしまったのです（一九九九年の大学入試センター試験「国語Ⅰ・Ⅱ」の第二問として出題）。出題されていたのは「眠れる分度器」という短編小説の一節で、クラスに馴染《なじ》めない転校生の時田秀美くんが、前にいた小学校での出来事を回想する場面でした。前の小学校の教頭先生に「生きてるのと、死んでるのって、どう違うんですか？」と問いかけた秀美に対する教頭先生の返答がとても印象的で、出題されている一節だけではなく、この小説のすべてを読んでみたいと思い立ち書店に足を運びました。

「眠れる分度器」は山田詠美さんの『ぼくは勉強ができない』（新潮文庫）という連作短編集に番外編として収録されていました。最初は、過去問に掲載されていた一節に続くストーリーはどうなっているんだろう？　という素朴《そぼく》な興味から番外編のみを読みました。「小説を読み始めた」という意識がものの一分ほどで消え、あっという間に小説世界に没入しました。そして、収録されたその他の短編を次々に読んでいきました。「ぼくは勉強ができない」「あなたの高尚な悩み」「雑音の順位」「○をつけよ」「賢者の皮むき」など、魅惑的で早く読んでみたいと思わせる短編のタイトル。そして、読み始めると思っていた以上の面白さでページを繰る手が止まりません。

主人公の時田秀美、その母親と祖父の人間的な魅力や会話の妙もさることながら、山田詠美さんの綴《つづ》る言葉の一粒一粒に甘みやほろ苦さが宿っていて、すっと自分の体の中に染み込んでいくのがわかりました。「小説って、こんなに心を動かされる素敵なものだったのか……」と高校三年生になってはじめて気付かされたのです。私の読書人生はその日からスタートし、今に至るまでずっと途切れずに続いています。

私が本好きになれたのはたまたま幸運な出合いがあったからです。そして、読書感想文で強制的に読まされた小説では、きっと本好きになれなかったのではないかとも思うのです。自分自身が「読んでみたい！」と思い、自らの意志で読んだことがよかったのだと今になって思います。

教えるよりも考えさせることが大事

愛媛県美術館の学芸員だった鈴木有紀《すずきゆき》さんは、作品に関する情報や解釈を専門家や教師が「一方的に教える」のではなく、鑑賞者自身の思いを尊重し、グループでの対話を通して作品を味わっていく「対話型鑑賞」という手法を教育分野で展開した方です。鈴木有紀さんの著書『教えない授業　美術館発、「正解のない問い」に挑む力の育て方』（英治出版）では、次のようなことが記されています。


はじめて対話型鑑賞の授業をみた学校の先生たちから、よくこんなことを聞かれます。

「作者の意図や作品の美術的な背景、技法を伝えなくてよいのでしょうか？」

「作品に関する知識は、授業後に子どもたちに自分で調べさせればよいでしょうか？」

つまり、この授業では知識をどのように取り扱えばよいのかという問いです。

（中略）

私は、知識とは元来誰かから与えられるものではなく、自分で得るもの、その人が必要だと思った時に主体的に獲得されるものだと考えています。そのため、授業の中で子どもたちの気づきがあった場合には情報を提供しています。


知識は誰かから与えられるものではなく、自らの意志で得るものだとの主張には強く同意します。学業に限らず、どのようなことも、誰かにやらされるよりも自らの意志で動き、身に付けていく方が成長につながるはずだからです。

世の中には答えのない問題が数多くあり、学校を卒業して社会に出れば、否《いや》が応《おう》でもそれらの問題に自力で向かい合っていかなければなりません。学校のテストのように出題範囲が決まっているわけでもなければ、一夜漬けで暗記すれば解決できる問題でもありません。ましてや大学入学共通テスト（大学入試センター試験）のように選択肢から選んで解答できるような問題は世の中に存在しないのです。

そういえば、先ほどご紹介したセンター試験に出題された「眠れる分度器」について、著者の山田詠美さんは、事前に許可なく試験問題として使用された上に、著者の自分自身ですら解けない問題があったと記しています（山田詠美『熱血ポンちゃんが来りて笛を吹く』講談社文庫）。

また、同じく小説家の遠藤周作さんも、大学入試で自分が書いた小説を出題されたことがあり、作者である自分自身の答えと出題者による模範解答とがまったく違っていたと記しています（遠藤周作『狐狸庵閑談《こりあんかんだん》』ＰＨＰ文庫）。「人間のひとつの心理は色々な心理が交錯《こうさく》しからみあって成立しているわけだから、そんな人間描写を無視した入試問題は問題であり、こういう小説の読み方に抗議したい」と主張しており、たしかにその通りだと私も思います。入学試験の勉強は知識欲から出た勉強ではなく、ただ試験のためにのみ行う暗記とその応用に過ぎません。

入試問題なんて、出題者の出題意図を見抜き、それに沿った解答で点を稼ぐのが当たり前だろう？　と仰る方もいるかもしれませんが、出題された小説を読んで、登場人物の心情を選択肢から選ぶような試験で点数が取れたって、その後の人生を生き抜くための糧《かて》にはならないでしょう。かといって、私はなにも高校の国語教育が生徒たちを「読書嫌い」にさせていると言いたいわけではありません。教育や授業のあり方をほんの少し工夫するだけで、生徒たちは主体的に、自らの意志で本を読もうとするのではないか？　と考えているのです。

遠足のあとに作文を書かせない理由

国語教育に一生を捧げた大村はまという伝説的な教師がいます。戦後の焼野原、床もガラス戸もない学校、ノートも紙も鉛筆もない状況下で、新聞や雑誌を切り抜いて生徒一人一人のために約百もの教材を自分でつくり、同時に二クラス百名を教えていた先生です。生徒個々の実力や課題に応じたオーダーメイド式の「大村単元学習法」を確立し、延べ五千人以上の生徒を教えました。五十二年にも及ぶ教師生活を終えた後も、九十二歳まで国語教育研究を続けたレジェンドです。大村はまさんの『新編教えるということ』（ちくま学芸文庫）に、戦前に勤めていた学校の校長先生から、「遠足のあとに作文を書かせないでください」という個性的な提案がなされた時のことが記されています。

「遠足のあとに作文を書かせないで……」ということばの意味が、だんだんわかってきました。非常に便乗的で、切実な要求もない時に、書かせることの問題など、いろいろと考えさせられたのです。

こんなわけで、私は、修学旅行に旅行記をつきもののように考えてはおりません。しかし、今はただ、「作文を書かせないで」ということばをそのままに受け取らず、そういうことを言われるような作文を書かせまいと思っております。旅行に行っているあいだ、あとで作文を書くことを考えて、その場その場で感じたり、味わったり、楽しんだりすることができないようなことをしないようにと思っていま す。また、進んで書きたくなるようにすればいいのだと思います。それには、旅行のうまい切り取り方、つまり取材をさせることだと思います。

その場で感じること、味わうことを大切にする点は、先に紹介した対話型鑑賞にも通じる部分です。そして、何かを強制的にやらせるのではなく、「進んで書きたくなる」ような工夫を教える側がすべきであると、五十二年ものキャリアを持つ大村先生が断言されている点に、大村先生のプロ意識の高さを感じずにはいられません。私自身、「本が売れなくなった」「本を読む人が減った」と自分が身をおく業界の衰退を環境のせいにするのはとにかく嫌で、「本が売れないのは、本を売る側の技量と工夫が足りないからだ」と常々自分自身を戒《いまし》めています。

私たちが最後まで自分の生きがい（あまり好きなことばではありませんが）そういうふうなものをもって、いくつになっても、人生の終わりになってきても、自分の仕事がゆるがないためには、どうしても自分の本職たる「教える」ということが、すぐれた技術になっていなければならない。

私が技術屋に徹したく、職業意識に徹したいというのは、そういうことなのです。何か、一つのことをやらせようというとき、専門職として恥じない工夫をもって、子どもの前に出たいと思っています。

これらの大村先生の言葉に、私は本屋として何度も奮《ふる》い立たされました。同時に、大村先生のもとで国語を学んでみたかったな、と思うこともありました。そして、私にそう思わせてくれた国語の先生が実はもう一人います。神奈川県立荏田《えだ》高等学校で国語科の教諭をされていた嘉登《かと》隆《たかし》先生です。

こんな国語の授業を受けてみたかった

二〇一四年の秋頃、当時私が店長を務めていたsolid《ソリッド》 &《アンド》 liquid《リキッド》 MACHIDA（東京都・町田市）という本・雑貨・カフェの複合書店に、はじめて嘉登先生が来店されました。それ以来、定期的にお店に通ってくださるようになり、嘉登先生が実践されているユニークな授業のお話をお聞きし、嘉登先生のされているお仕事に興味を持つようになりました。なぜなら、私が高校時代に経験した国語の授業とはまったく異なる取り組みをされていたからです。授業に小説家と音楽家を招き、高校生とともに創作活動をするなんて、私が通っていた高校の国語の授業ではありえませんでした。

二〇一五年二月、荏田高校の一年一組と九組のクラスに、小説家・温又柔《おんゆうじゅう》さんと音楽家・小島ケイタニーラブさんによるユニット「ponto」が招かれ、生徒と一緒に創作活動を行う特別授業が実施されました。授業の最後にはこの期間に生まれた小島ケイタニーラブさんの新曲「君の名前」に、温又柔さんの朗読も加えたライブが行われ、その様子は今でもYouTubeで見ることができます。この授業のきっかけとなったのは、学芸大学駅の近くにある本屋、SUNNY BOY BOOKS《サニーボーイブックス》（東京都・目黒区）で行われていた創作室「mapo de ponto」でした。嘉登先生は個性的な取り組みをしている本屋や出版社に自ら足を運び、そこで閃《ひらめ》いたことを自らの授業に活かしているようでした。

ミシマ社から刊行されている、三六五人の本屋さんがどうしても届けたい一冊を紹介している『THE BOOKS』をきっかけに、妙蓮寺《みょうれんじ》の石堂《いしどう》書店（神奈川県・横浜市）を訪れ、店主の石堂智之さんと出会い、さらにそのことがきっかけとなり『国をつくるという仕事』（英治出版）の著者で元・世界銀行副総裁の西水美恵子《にしみずみえこ》さんとつながり、西水さんを学校に招き特別授業をしてもらったこともあるそうです。

また、この特別授業と連動する形で、生徒さんと英治出版の本社を訪れ、『国をつくるという仕事』をアクティブ・ブック・ダイアローグ（一冊の本を分割し、全員で分担して読み込み共有するという読書法）をベースにして読み、問いを立て、それについて生徒同士で意見を述べ合うという課外授業も行われました。社会との接点が少なく、家庭や学校の外の人と出会う機会があまりない高校生にとって、学校の先生ではなく外から来た著者の話を直接聞くということはきっと新鮮な経験だったに違いありません。

私も嘉登先生に誘われ、何度か荏田高校の授業にお邪魔したことがあります。学校の近くの花屋さんで高校生たちがＭＣを務める架空のラジオ番組にお招きいただき、お薦めの本を紹介したこともありました。その後の授業で収録したテープを聴き、その本の紹介文を書いてくれました。こんなユニークな授業をどうやったら思いつくのだろうと、いつも驚かされてばかりでした。

小説は最後のページまで読まなくたっていい

本を読む習慣がない人にとって、本を最初から最後まで読まなければならないという先入観が、読書を遠ざけている要因の一つではないかと思います。テレビを見たり、映画を観たりする場合、普通に座って情報を受け取るだけで気軽に視聴できますが、本を読む場合には目で文字を追い、頭で文章を理解し、自らの手でページを繰らなければなりません。本以外の情報や娯楽とは異なり、一種の能動性が必要とされます。ビジネス書や新書のように、必要に駆られて情報収集する場合は、最初から最後まで読むことはそれほど苦にならないかもしれませんが、小説を楽しむといった場合はそうもいかないでしょう。

私は必ずしも、本を最初から最後まで読む必要はないと考えています。読みたくなくなれば途中でやめればよいですし、気になる箇所だけ断片的につまみ読めばよいのです。また、世の中には自分が面白いと思う本や、自分の考え方にぴったり合う本ばかりが存在しているわけではありませんし、面白くない本との出合いや、こんなの読まなければよかったと思うような本との出合いも読書人生において大切です。「本」は「人」と同じようなものなので、合う・合わないはもちろんありますし、気の合わない人間との出会いを通じてしか自らを客観視できない側面もありますから、遠回りや時間の無駄遣いに思えるような読書こそ人生の糧になるのです。あまり気負わずにぱらっと適当に開いたページだけを読んでみるような気軽さが読書には必要です。

少し前置きが長くなりましたが、私が勤めていたsolid & liquid MACHIDAのお店で嘉登先生が実施された課外授業の事例を紹介します。そもそも書店で課外授業をすること自体珍しいですが、その授業の内容はもっと珍しいものでした。その名も「おみくじ読み」。生徒さんたちに書店の棚から気になった本（小説）を一冊選んできてもらい、おみくじを引くように適当なページをぱらっと開いてもらいます。そして、適当に開いたページ（見開き二ページ）のみを読んでもらいます。読書感想文の課題とは異なり、読むのはたったの二ページです。そして、その二ページの後に続くストーリーを生徒のみなさんに創作してもらいます。二ページから得られた情報（情景描写や人物描写）から、その後の展開を想像し小説の続きを書くわけです。

私も生徒のみなさんに交ざってこの「おみくじ読み」の課題に取り組みましたが、二ページで得られる情報だけでは登場人物同士の関係性や、その場面に至るまでの流れがわからないため、想像力をフル活用して小説の続きを書かなければなりません。そして、この課題が何よりすごいのは、この授業が終わった後、「実際、この先のストーリー展開はどうなっているんだろう？」と小説の続きが気になり、つい読んでみたい衝動に駆られるところです（答え合わせをしたくなるのです）。先ほどご紹介した大村はまさんの「進んで書きたくなるようにすればいい」という言葉通り、すすんで読んでみたくなるような工夫や仕掛けを嘉登先生は自然にされていました。

高校国語科教諭は本屋か？

本を売ることと同じくらい、「未来の読者を創る」ことが重要で、本を読むきっか

■ AIDMAで見る「本屋の仕事」

	①注目 Attention	②興味 Interest	③欲求 Desire	④記憶 Memory	⑤購買 Action
消費者心理	知らない	興味がない	欲しくない	覚えていない	購買機会がない
本屋の仕事	認知させる	理解させる	ニーズを促す	接触を増やす	購買機会をつくる
	広義の本屋の仕事		狭義の本屋の仕事		

けを創ることこそ広義の本屋の仕事なのだと第一章に書きました。私は嘉登先生のお仕事の一端を垣間見るなかで、この人は私が理想としている広義の本屋ではないかと思うようになりました。書店という現場で働いていると、書店に足を運んでくれるたくさんのお客様の存在を、どこか当たり前のように感じてしまいがちです。**お客様が書店に足を運び、本を買ってくださることは決して当たり前のことではなく、その前段階に「本に興味を持つ」という工程が必ずあり、「興味を持たせている何か（誰か）」が存在するのです。**

ユーザーの購買動向プロセスを体系化した「AIDMA（アイドマ）」で説明してみましょう。AIDMAではユーザーの購買行動プロセスを、①A（Attention：注目）、②I（Interest：興味）、③D（Desire：欲求）、④M（Memory：記憶）、⑤A（Action：行動）の五段階に分類しています。日常生活において街中の広告で新商品の存在を知り、小売店で試供品を試した上で商品を購入したことがある方は多くいるかと思います。このような購買行動プロセスを体系化したのがＡＩＤＭＡです。この五段階の中で③～⑤の役割を担うのは狭義の本屋、つまり書店員・書店主の仕事です。ニーズを促し、本との接触を増やし、購買機会をつくり、「本を売る」ことが最終目的です。一方で、その前段階である①～②の役割を担うのは広義の本屋で、そこには国語科の教員も含まれるのではないかと私は考えています。本や小説の魅力を認知させ、理解させることが広義の本屋の仕事です（Ｐ75の図）。

嘉登先生へのインタビューを通じて、本や小説の魅力を伝えるためのコツやテクニック、そのベースとなる思想や考え方をお聞きし、これからの読者を創っていくためのヒントにしたいと思います。

Interview
嘉登 隆
（元・高校国語科教諭）

国語の授業のフレームを一度解体して再構築する

本屋を歩き、本と遊ぶ生徒にそんな疑似体験をさせたかった

――「おみくじ読み」はどのように思いついたのでしょうか？

嘉登　教師になって三十年以上経ちますが、生徒が本から離れてゆくのを間近で見てきました。「まともに本を読んだことがない」「本屋に行ったことがない」といった声を聞くなかで、学校で「本屋に入り、本を選び、選んだ本と遊ぶ」シミュレーションができたらと考えたのが「おみくじ読み」を着想したきっかけでした。店内を歩いて、背表紙を眺めて、気になる一冊を見つけ、棚から抜いて、パラパラとめくって、場合によっては棚に戻す、そういう本屋の楽しみ方を生徒に体験してほしいなと。

――ちなみに私も高校生の頃は読書嫌いでした。

嘉登　同じです。僕も授業や読書感想文などを通じて、大人が解説してくれるもの、ありがたく頂戴するもの、という印象を本に対して持っていました。大人はソファに寝転んで村上春樹の新刊を楽しく読んでいるのに、なぜか生徒たちは道徳や受験対策のテキストブックとして本を「読まされて」います。それでは、読書がつまらないものになってしまっても不思議ではありません。まずは娯楽として本と遊んでもらいたかったのです。

――「おみくじ読み」は「本を自分で選ぶ」点が企画の肝だと感じます。

嘉登　仰る通りです。solid & liquid MACHIDAで開催したときは、参加者のみなさんに思う存分店内を歩き回ってもらいましたね。あれは理想形でした。棚の前でウロウロする体験をしてもらいたいので。一方で学校の授業は何十人もの生徒がおり、時間も限られています。そのため、図書室の司書が選んだ二百冊ほどの本を事前にブックトラックに差しておき、その小さな棚の前に立って自由に選んでもらうようひと工夫しました。

――書店へ出向いて授業を行う先生にお会いしたのは嘉登先生が初めてです。

嘉登　僕の周りにもいないです（笑）。学校の教員は校内で授業を完結させようと考えてしまいがちなので。ちなみに「おみくじ読み」を学外で初めて開催させていただいたのがsolid & liquid MACHIDAでした。当時の生徒数名と一緒に相談して、企画を練《ね》り上げてからご提案に伺ったことを覚えています。

――その後、「おみくじ読み」はどのように進展していますか？

嘉登　二〇一八年には、近隣の県立高校で出張授業を行いました。二時間連続の選択科目で生徒は十名くらいでしたね。彼らにすれば、僕は見知らぬおじさんです。でも図書室へ行くと、全員がすでに本を選んで準備していたので驚きました。授業が始まると早速一人の女子生徒が「先生、私これ選んだ！」とパンダの写真集を見せてきて。近くの男子生徒が「お前さ、写真集はダメだろ」と茶化すと、開くとキャプションが付いていたので、彼女は「文が入っていればいいんだよね、先生」とやり返します。そんな愉快なやりとりを経ていざワークが始まると、みんな真剣に書き始めました。彼女がパンダの写真のキャプションを起点に二つ三つと言葉を足すと、不思議と三行詩の趣《おもむき》があり、教室が「おー！」と沸きましたよ。正解ありきのドリルワーク中心の授業に慣れた彼らは「こんな授業は初めてだ」と大盛り上がり。気づけば、生徒の数以上の先生方が見学に集まってきて、若い理科の先生は「図書室でこういう授業もできるんですね」と仰っていました。その様子を見た先ほどの彼女が僕に近づいてきてこう耳打ちしたんです。「先生さ、こんなにたくさんの見物が来るんだったら、お金（見学料？）取ればよかったね」って。

――（笑）。

嘉登　ちなみにスーパーサイエンスハイスクールに指定された高校で行ったときは、科学雑誌や百科事典を選ぶ生徒もいました。

――小説以外の本でも「おみくじ読み」はできるんですね！

嘉登　はい。物体の落下速度に関する説明に嘘か本当かわからないような文章を繋《つな》げてゆく生徒もいました。いや、感心しました。

――本当に素晴らしい企画だと思います。ぜひ今後も広げてほしいです。

嘉登　「おみくじ読み」は年齢問わず、本が好きな人も、そうでない人も一緒に楽しめる間口の広いワークですから、今後は書店でもどんどん開催してゆきたいです。

『山月記』の袁傪役はムロツヨシ？教室が下北沢の小劇場に

――嘉登先生は「おみくじ読み」以外にもユニークな授業をたくさんされています。印象深いものがあれば教えてください。

嘉登　ロールプレイはよく取り入れていました。筆者や登場人物に「なりきる」授業ですね。

――なりきる？

嘉登　小中学校の国語教育でも「なりきる」授業は行われますが、僕はそこに演劇的な手法を組み合わせていました。登場人物、作家、場合によっては編集者の立場に視点を移して生徒に演じてもらいます。僕も普段は講義や演習中心の授業をしていたため、「おみくじ読み」のように本に親しんでもらうだけでなく、いかに教材の内容を生徒に落とし込んでもらうかについても考えていました。そこで年一回ほど取り入れ始めたのが「なりきる」授業でした。

――これまでにどのような作品を用いましたか？

嘉登　中島敦《なかじまあつし》の『山月記』や夏目漱石の『こころ』など、いわゆる国語の定番教材です。たとえば『山月記』では主人公の李徴《りちょう》と友人の袁傪《えんさん》を、現代のリアルな青年、いわば生徒自身にうんと引き寄せてもらって対話をします。李徴は自尊心が強く、結局それに絡め取られて虎になる悲劇的な主人公ですが、もし袁傪との関わりを持っていれば、虎にならずにすむチャンスが二回あったんじゃないかと。一回は官吏《かんり》を辞めるとき。もう一回は、詩人では食えず、もう一度官吏となり鬱々《うつうつ》としているとき。もしそれらの場面に袁傪がいたら、どんな対話が展開されるのか。まずはグループで話し合ってから、ロールプレイに入ります。李徴は心の苦しみを吐露《とろ》する。袁傪は友のよれよれの姿を見て言葉を返す。時間にすれば三分ぐらいですが、これが迫真の対話劇になるんです。教室がまるで下北沢の小劇場のようでした。

――生徒に演じてもらう上でどんな工夫をされたんですか？

嘉登　頭の中で映像化することがとても大事なので、「この作品を映画化するなら、誰に演じてもらうか？」をイメージしながら読んでもらいました。生徒からは「袁傪はムロツヨシ一択でしょう！」なんて意見も上がりました。

――それは面白いですね。

嘉登　演じるときは台詞《せりふ》を完璧に覚える必要はありません。あくまで演劇的手法であり、演劇ではないので。いわば精神医学のオープンダイアローグのように、台本にない台詞が生まれたりもします。様々な学校で行ってきましたが、生徒たちはみな「なりきる」ことを通じて、自分自身の中に作品を落とし込んでいるようでした。

――『山月記』以外の作品ではどうでしたか？

嘉登　あるときは、漫画『深夜食堂』の設定をお借りしました。食堂のカウンターに『こころ』の先生とKが訪れてやりとりするのです。教室の机をカウンター風に並べて、そこで「精神的に向上心のないものは馬鹿だ」と言い合ったらどうなるかと。

――設定を借りるというのは面白い試みですね。

嘉登　あるときはプロの俳優さんに来ていただき、客の一人として演じてもらいました。カウンターに先生とKを演じる生徒がやってきて、注文して酒を飲み始めると。プロの俳優がどのように絡むのだろうと見ていると、先生とKの隣に座った他のお客さん役の生徒に「ようよう、若いの。お近づきに一杯飲みなよ」と話しかけたんです。台本になかった展開に話しかけられた生徒はびっくり。完全に固まっちゃって、「いいえ、結構です。僕は未成年ですから」って（笑）。「お前、今は高校生じゃないんだから！」とみんな爆笑でした。作品のアウトラインは前もって講義で学んでいますが、こうやって遊んじゃうことで、あらすじ以上に「出来事」として彼らの記憶に残るでしょう。卒業して何年も経ちますが、今も覚えてくれている生徒がいるかもしれません。

僕の人生では小説が大きな意味を持つことがあった

――そもそも、嘉登先生が教員を目指された理由はどこにあったのでしょうか？

嘉登　「文学部は卒業しても食べてゆけない」と当時の世間では言われていたため、「教員免許を取って先生になるから」と親を説得することで受験を認めてもらいました。そのため、消極的な気持ちから教員を目指したのだとずっと思っていました。

――思っていた、というのは？

嘉登　数年前に同窓会があって、「高校の教員をしている」と周りに伝えると「よかったな。夢が叶ったな」と何人かが言うんです。どうやら、高校生の頃に「僕は教員になる」「生徒の視点を忘れない教員になりたい」とよく話していたそうです。そんな偉そうに語っていた記憶はないのですが……このときは驚きましたね。

――文学部を受験したお話と繋がりますが、なぜ国語科の教師に？

嘉登　高校一年生のとき、古典の先生に言われた言葉がきっかけです。ある日、担任が「そういえば、この間職員室で嘉登が話題になったよ」と言うんです。どうやら古典の先生が「嘉登くんはテストの成績はそうでもないけど、あの子、センスはいいわね」と話してくれていたそうです。その日から「僕はセンスがいいのかも……」と思い込んで（笑）。さらに同時期に、英語の先生が薦めてくれて金田一春彦《きんだいちはるひこ》先生の『ことばの歳時記』（新潮文庫）に出合いました。その一冊をきっかけに言葉に興味を持った僕は、言語学や国語学の本を読み漁るように。そうやって国語に関心を抱くようになりました。

――本も一つのきっかけだったんですね。

嘉登　そうです。僕の人生では小説が大きな意味を持つタイミングがありました。たとえば、進学先選びもそうです。友人から「お互いの本を交換しない？」と誘われて、彼からもらった五木寛之《いつきひろゆき》の『青春の門』を読み始めたらこれが面白くて。早稲田大学に入学した主人公の伊吹信介が「俺は人と付き合うためにやってきた」というような台詞を言うんです。かっこいいじゃないですか。その本に描かれていたキャンパスの青春に憧れて早稲田大学を受験しました。実際入ってみると一週間くらいで期待は裏切られたけど（笑）。

――現在はどのようなお仕事を？

嘉登　健康上の理由で二〇一九年三月に早期退職をしました。その後、二年ほど非常勤講師をしていましたが、新型コロナウイルスの感染が拡大する中、循環器系の持病があるため、主治医の勧めでしばらく現場を離れました。この四年間は、とある出版社の「言語文化」と「文学国語」の教科書と教師用指導書の執筆に注力していました。今はそれを終えてほっとひと息入れつつ、教え子でライターの瀬戸義章《せとよしあき》さんと「問わず語りの国語教室」というYouTubeラジオの配信を行っています。もしニーズがあれば、早ければ二〇二四年の春頃には非常勤講師として中学校か高校の現場に戻りたいと考えています。

生徒にその瞬間と出合ってほしいから 僕は国語で文学を教えています

——二〇二二年度から実施されている新学習指導要領についてお聞きしたいです。当時は「高校国語から文学が消える」とメディアで騒がれていましたが実際はどうでしょうか？

嘉登　現場を離れて三年が経つため詳しい現状はわからないのですが、知り合いの先生の話を聞く限りはドラスティックな変化は起きていないようです。たしかに教科書における文学教材の比重は低くなりましたが、現場から文学が消えることはないと思います。良い意味でも高校の教育現場は保守的です。教科書における扱いが変わっても、プリント教材を活用するなどして先生方は対応していると想像します。

——では、嘉登先生のようなユニークな授業を行う環境は学校側に残されているんですね。

嘉登　そうですね。ただ、はじめにユニークな授業ありきではなく、生徒ありきで必要な授業を考える方が大事です。そうでないと保護者や管理職の方から授業の狙いを聞かれたときに、生徒の状況を踏まえた上で指導要領と紐《ひも》づけた授業であることを上手に説明できません。

――反対に、新学習指導要領で気になるポイントは？

嘉登　国語が「コミュニケーション」の科目として位置づけられている点でしょうか。そういった狙いが透けて見えます。以前はメインストリームだった読み書きの力が、話す力や聞く力に取って代わられた印象です。僕個人としては、横糸と縦糸が丹念に織り込まれたテクストをじっくり読み、解き明かし、解釈する力、それこそが国語を通じてまず培うべき力だと思うのですが。

――文学は「私」と「他者」のわかり合えなさを知るためにも必要であると感じます。嘉登先生は、国語で文学を教える意味をどのように考えていらっしゃいますか？

嘉登　人間は基本的にはわかり合えないので『お前のことはよくわかるぞ』って言っている先生は偽物だ」とよく生徒に伝えていました。できるのは「わかろうとする」くらいではないでしょうか。だからこそ、文学を通じて多様な人間のあり方に触れ、「人間とは何か？」を考えたり、首を傾《かし》げたり、その複雑さにため息を漏らしたりしてほしいと思っています。生徒にはその瞬間と出合ってほしいから僕は国語で文学を教えています。

高校が読書生活を形成するはじめの一歩ですから

――先ほどもお伝えしたように私は読書感想文で本嫌いになった経験があります。

嘉登　僕も「書かされ感」を強烈に感じていました。だから、教師になってから読書感想文を宿題にしたことは一度もないです。

――生徒を読書嫌いにさせないコツはありますか？

嘉登　教師自身や文学研究者たちの作品解釈を授業で一方的に伝えるだけでは本質からは離れてしまうと僕は感じます。もちろん受験対策のための授業があってもよいですが、思いきり楽しく遊んじゃうことも大事だと思います。そもそも、その後の人生における読書を考えると、仕事以外で読む時間の方が圧倒的に多いはず。だからこそ、基本的に本は楽しむもの。それなら国語教室の中で読書の楽しさを教えないのは、むしろ不自然なことではないかなと。

――たしかにそうですね。

嘉登　だから僕は、本を読むことは学校の先生の話を覚えたり、感想文を書いたりするためではないことを、様々な「読む」体験を通して伝えていきたかったんです。

――「体験」を通して伝える。

嘉登　以前、ライターの上阪徹《うえさかとおる》さんが「僕は教育の専門家ではないのですが、高校の国語の先生が生徒に教えるときは『こと』をいっぱい載せてほしいと思っている」と話してくれました。ちなみに「こと」は、「ことば（言葉）」と「できごと（出来事）」の二つの意味を含んでいます。国語教師はプロとして「言葉」を大事にしますが、一方で「出来事」を授業に載せることは稀《まれ》です。出来事とはつまり、体験ですよね。どうしても国語は紙と鉛筆と最近ならタブレットの世界に閉じがちで、理科の実験や社会の校外学習のように身体感覚や五感を通して体験してもらう機会は多くありません。しかし、国語にできることはあると試行錯誤してきました。上阪さんによって僕がこれまでやってきたことが言語化された感覚がありました。

――とはいえ、嘉登先生のように実行に移せる先生は少ないと感じます。

嘉登　教師はAll or Nothingで考えがちです。やるからには効果が一定以上ないとダメだと。でも、そんなことはありません。費用対効果は小さいかもしれませんが、生徒の一人二人に届くときはあるんですよね。僕はよく生徒と本の貸し借りをしましたが、途中で投げちゃう子もいました。「先生ごめんね。面白そうに見えたんだけど」「いいんだよ。ちなみにどの辺でめげた？」「この辺で」と最初の一ページを指したりもするんだけど（笑）。でもそれはそれでいい。手に取ってくれたのは間違いないから。すぐに全体に浸透しなくとも、そういう積み重ねが大切だと思います。無理のない範囲でなんでもやってほしいです。

――高校時代はとても大事な時期ですよね。

嘉登　社会に出る前のラストワンチャンス、堅く言えば、彼らの読書生活を形成するはじめの一歩ではないでしょうか。

メインストリートから路地裏の世界に彼らを誘いたかった

――では最後に、若い世代の方に本の魅力を伝えるために、書店に期待することがあれば教えてください。

嘉登　高校生を本屋に呼び込むことは難しくなっていますよね。本屋で漫画の立ち読みをしたことがない子もたくさんいます。ただ、彼らも映画やドラマで映像化された作品などは買っているようなんです。だから、ヒット作品を一等地に展開するときに、その作品のテーマや世界観と紐づけて、「こういう脇道もありますよ」とさりげなくメインストリートから路地裏に彼らを誘い出してほしいなと思います。たとえば、東野圭吾フェアの横に、三島由紀夫が書いたミステリーが置かれているようなイメージでしょうか。

嘉登 隆（かと たかし）
1982年、神奈川県立高校教諭として三崎水産高校に勤務。その後、寛政高校、大和西高校、神奈川総合高校、みどり養護学校、相模原高校、荏田高校を経て2019年退職。退職後は県立厚木高校、関東学院高校、県立平塚江南高校に非常勤講師として勤務。平成25年度　神奈川県優秀授業実践教員表彰及び文部科学大臣優秀教育職員表彰受賞。

――東野圭吾や伊坂幸太郎を入口に、連城《れんじょう》三紀彦《みきひこ》や山田風太郎に繋げていくことはできるかもしれませんね。

嘉登　そうしないと先細りしていきそうで。

――仰る通りで、いかに間口を広げて伝えるかが一番の課題だと感じます。

嘉登　でも、彼らが周辺部に来ているのは間違いありません。もちろん周辺の定義は難しいのですが……。僕自身もメインストリートから路地裏の世界に彼らを誘いたいと思ってやってきました。カッコつけて言うと大成功したみたいですが、そんなことはありません。ただ、彼らが偶然入った路地裏で出合った一冊を手に取ってくれたことは、これまで何度もありました。自分たちが受けてきた国語の授業のフレームを一度解体して再構築することで、書店の方々だけでなく国語の教師にもできることはまだ残されていると思います。

Column

「これからの読者」を育むために

田口幹人
（合同会社 未来読書研究所）

本を売ることが本屋の仕事です。それを追い続けてきたのが、「これまでの本屋」だったのでしょう。言い換えれば、「これまでの読者」、そして「今の読者」しか見ていなかったと言えるかもしれません。これまでの、そして今の読者と同じように、いやそれ以上に大切にしなければいけないものがあります。

それは、「これからの読者」です。本の周辺にいる人を増やすこと。大切なはずなのに、書店業界としてそこに対する施策を講じてこなかったツケが、今の業界の現状につながっているとの自戒を込め、一度書店を離れ、行動を起こしたのが四年前でした。

本に関わる仕事をしていますが、毎日本に触れ、売場でお客様の声を聞くことのできない環境に寂しさを覚えることはあります。一方で、本とのタッチポイントを創ろうとしている本屋の外にいる（いた）様々な人たちの活動に触れ、本屋を別の角度から考えることができた四年間でした。

このような考えに辿《たど》り着いたのは、まちの中に書店員と同じくらい本を介したコミュニティを創り出そうとしている人たちとの出会いがあったからでした。それは、まちと本が人を繋ぐという、職業書店員を続けているうちに薄れつつあった感覚をよみがえらせてくれた数々の出会いがあったからです。

それらの出会いは、拙著『もういちど、本屋へようこそ』（ＰＨＰ研究所）に書いた、店を構えるだけが本屋なのではなく、本の周りにいる一人ひとりが、本に関わるすべての人を「本屋」なのだと仮定した場合、本の未来の数だけ、本屋の可能性と未来がある、ということを実体験として感じることができたと言えます。

二〇二二年十二月に、書店のない市町村が全国で二十六・二％に上ったという出版文化産業振興財団（ＪＰＩＣ）の調査結果が発表され、多くのメディアでも取り上げられました。

しかし、書店の減少は今に始まったことではなく、二十年間減り続けているのです。出版業界の構造上の問題や、そもそも読書人口が減少していることが大きな要因となっていることはこれまでも様々な場面で指摘してきたつもりです。

一方で、本を地域コミュニティのツールとして活用しようという動きや、新たに本屋をはじめようとする人たちは年々増え続けています。

出版社「NUMABOOKS」や新刊書店「本屋Ｂ＆Ｂ」などを通じ、これまでの書店の枠組みを超え、本と本屋を通じたコミュニケーションづくりをしている内沼晋太郎《うちぬましんたろう》氏は、この動きを表す典型として、二つの円の輪郭を「大きな出版業界」と「小さな出版界隈」と表現しています。

内沼氏が語る「大きな出版業界」と「小さな出版界隈」という二つの円は、一般的な書店と独立系書店と呼ばれる本屋群という区分けとは異なり、核心を突いていると感じていて、僕も今の出版界の状況を説明する時には「大きな出版業界」と「小さな出版界隈」という二つの枠組みを使わせていただいています。

近年の「大きな出版業界」から「小さな出版界隈」への関係人口の加速度的な移動は、本の未来に寄り添おうとする人たちによる、「大きな出版業界」に対する警鐘《けいしょう》なのかもしれないと感じています。

「これからの読者」に話を戻します。

書店の減少により、子どもたちの本（＝読書）との出合いの場は減少しています。そんな中、子どもたちが本と身近に出合える場所の重要性が高まっている場所があります。それは学校図書館です。

学校図書館が抱える様々な課題を、本屋としてサポートすることができないかと考え、現在ＮＰＯ法人読書の時間を立ち上げ、学校図書館を通じた子どもたちの読書環境の整備を推進する活動をしています。

読書環境の整備の遅れにより、子どもたちに不利益が生じていると理解してもらうとともに、それを社会全体の課題として解決していく意識を広げる活動を行っています。予算の関係で、情報が更新された本での学びをすることができない子どもたちが多く、年々学校図書館の利用者が減少しています。

ＮＰＯ法人読書の時間は、学校図書館を「社会の一員として必要な資質を身に付け

田口幹人（たぐち みきと）
岩手県盛岡市の「第一書店」勤務を経て、実家の「まりや書店」を継ぐ。同店を閉じた後、盛岡市の「さわや書店」に入社、同社フェザン店統括店長に。地域の中にいかに本を根づかせるかをテーマに活動し話題となる。2019年に退社、ＮＰＯ法人読書の時間 理事長に。楽天ブックスネットワークの提供する少部数卸売サービス「Foyer（ホワイエ）」を手掛ける他、岩手県一関市の「北上書房」役員も務める。

る場」から「読書を通じて自分が変わり続けるための場」にすることを目指していま す。社会によって自分を変えるのではなく「自分が社会を変える学び」を身に付け、本を通じ、これからの時代と社会を拓《ひら》く知恵と知識を培ってほしいと願っています。学校図書館の質を維持・向上させ、子どもの読書環境を整備していくことで、すべての子どもたちに、等しく学習環境を提供できると考え、自治体だけではなく、社会全体で学校図書館を「社会との接点を創る場所」にしていく活動をしています。これもまた、「これからの読者」に対して本屋ができることの一つだと思うからです。

「本の未来の数だけ本屋の可能性と未来がある」ことを信じている本の周りにいる一人ひとりの「これからの読者」を育むための営みが、「小さな出版界隈」の広がりを支えているのだと感じています。そこにまちに本屋がなければいけない理由を見つけることができるのではないでしょうか。

第二節
TikTokerは本屋か？

TikTokでの本紹介≒広義の本屋の仕事？

私が勤める梅田《うめだ》 蔦屋《つたや》書店の同僚に三砂慶明《みさごよしあき》というコンシェルジュがいます。レコメンド力にすぐれたコンシェルジュで、二〇二二年には『千年の読書』（誠文堂新光社）という著書も刊行しています。そんな三砂がある日私に話しかけてきました。

「けんごさんという、TikTokで本を紹介している人がいるんですけど、本紹介なら私の方がうまいと思うんですよね」

三砂の接客を近くで見ている私からすると、そりゃ本のレコメンドなら三砂の方がうまいに決まっているだろう、と当然のように思いました。蔦屋書店のコンシェルジュには、フェア企画力、イベント企画力、コミュニケーション力、数値分析力等、多面的な能力が必要とされますが（P19の図）、その中でもレコメンド力は欠かせないスキルの一つです。また、書店員に必要とされるコミュニケーション力には、直接的コミュニケーション力と間接的コミュニケーション力とがあります。前者は直接お客様と対話を重ね、お客様がお求めの本をご提案する力、後者は書店員が日々の売れ行きを見ながら棚を耕していく、棚を介したお客様とのコミュニケーションのことです。

三砂はどちらかといえば、直接的コミュニケーションを得意としているように見え、提案する本のお薦めポイントを特定し、その本の旨みを端的にお客様にお伝えすることが得意です。そんな三砂が口にしたけんごさんの動画を、私はそれまで一度も見たことがありませんでした。気になった私はこれまでにけんごさんが本の紹介をされた動画をつぶさにチェックしました。そして、けんごさんのされていることは、私がいう「広義の本屋」の仕事に違いないと確信したのです。

十一万五千部増刷の大ヒット

けんごさんは、一九九八年生まれの二十五歳。小説紹介クリエイターとしてこれまでに数多くの小説をTikTokで紹介してきました。紹介した本が重版を繰り返して大ヒットすることが多く、いわゆる「TikTok売れ」の事例として取り上げられることもしばしばです。「TikTok売れ」とは、TikTokでのバズをきっかけに食料品や雑貨が爆発的な売上につながる現象のことで、Z世代（一九九〇年代後半から二〇〇〇年代に生まれた世代）を中心に情報が拡散されています。二〇二一年には、大塚製薬の「ファイブミニ」やメダラー社の「地球グミ」がTikTok売れにつながり話題になりました。けんごさんの本紹介で爆発的に本が売れた事例は多くありますが、中でも一九八九年に発表された筒井《つつい》康隆《やすたか》さんの『残像に口紅を』（中央公論新社）は紹介後四ヶ月で十一万五千部の増刷がされるなど大ヒットにつながりました。

■主なソーシャルメディア系サービス／アプリ等の利用率(2021年)

	全年代 (N=1,500)	10代 (N=141)	20代 (N=215)	30代 (N=247)	40代 (N=324)	50代 (N=297)	60代 (N=276)	男性 (N=759)	女性 (N=741)
LINE	92.5%	92.2%	98.1%	96.0%	96.6%	90.2%	82.6%	89.7%	95.3%
Twitter	46.2%	67.4%	76.8%	57.9%	44.8%	34.3%	14.1%	46.5%	45.9%
Facebook	32.6%	13.5%	35.3%	45.7%	41.4%	31.0%	19.9%	34.1%	31.0%
Instagram	48.5%	72.3%	78.6%	57.1%	50.3%	38.7%	13.4%	42.3%	54.8%
mixi	2.1%	1.4%	3.3%	3.6%	1.9%	2.4%	0.4%	3.0%	1.2%
GREE	0.8%	0.7%	1.9%	1.6%	0.6%	0.3%	0.0%	1.3%	0.3%
Mobage	2.7%	4.3%	5.1%	2.8%	3.7%	0.7%	0.7%	3.4%	1.9%
Snapchat	2.2%	4.3%	5.1%	1.6%	1.9%	1.7%	0.4%	1.3%	3.1%
TikTok	25.1%	62.4%	46.5%	23.5%	18.8%	15.2%	8.7%	22.3%	27.9%
YouTube	87.9%	97.2%	97.7%	96.8%	93.2%	82.5%	67.0%	87.9%	87.9%
ニコニコ動画	15.3%	19.1%	28.8%	19.0%	12.7%	10.4%	7.6%	18.1%	12.4%

私は第一章で、「日常的に本を読む習慣がない層に本の魅力を伝え、本の世界に誘うこと」こそ広義の本屋の仕事であると書きました。まさにけんごさんの本紹介は広義の本屋の仕事だと言えます。けんごさんの動画を見ていると、ターゲットは十代・二十代の「これからの読者」で、ティーンの視聴者が興味を持ちそうな学園もの、青春もの、恋愛ものの本が多く紹介されています。総務省情報通信政策研究所の調査によると、TikTokは、TwitterやInstagram等その他のSNSに比べて、十代・二十代の利用率が突出していることがわかります（上表）。

YouTubeはサムネイルから興味を持った動画をクリックして視聴するので、YouTubeで本を紹介したとしても、もともと本に興味がある人にしか見てもらえません。Twitter（現・X）やInstagramも同様で、フォローされなければ見てもらえません。一方、TikTokはＡＩで自動的に特定の動画を好みそうな人のもとに動画が表示される仕組みがあるため、普段本を読まない人や、小説に興味がない人にも動画を見てもらえる可能性があります。つまり、**TikTokは未来の読者をつくるためのツールとして適しているのです。**

未顧客へのアプローチはなぜ重要か？

さて、第一章でも書いた通り、広義の本屋は多種多様です。そんな多様な広義の本屋の中から本章でけんごさんを取り上げた理由は、けんごさんの活動が出版業界に大きな貢献をしており、多くの新たな読者を生んでいるのもそうですが、そのことに対してけんごさん自身が意識的だと思えるからです。

世の中のどんな仕事においても「誰に」「何を」したいのかを明確にすることは重要で、それらが曖昧《あいまい》だったりブレたりすることで、顧客価値が薄れた仕事になってしまうものですが、けんごさんの場合は終始一貫「本を読まない人に」「本を紹介したい」という軸からブレていません。これは私自身も同じで、本に興味がない人や、普段本屋に足を運ぶ習慣がない人に対して、どうすれば本や本屋に関心をもってもらえるかをずっと考えてきました。既存顧客（コアファン）に本を買い続けていただく努力をする一方で、未顧客（ノンユーザー・ライトユーザー）を顧客化していくことにも力を注がなければならないと考えているからです。そのことについては第一章でも書きましたが、なぜ未顧客に対するアプローチが重要なのか、私が思う三つの理由をあらためて整理しておきます。

1. コアファンよりも未顧客（ノンユーザー・ライトユーザー）の方が多いから

まず、本を購入することが習慣化しているコアファンよりも、本をまったく読まない、もしくはほとんど読まない未顧客の方が多い、というのが一つ目の理由です。国立青少年教育振興機構が二〇一九年に行った調査によると、年代に関係なく約半数が一ヶ月に一冊も紙の書籍を読んでいない、ということがわかりました。一ヶ月に一冊しか読まないと回答した人を含めると、71・7％の方が未顧客（ノンユーザー・ライトユーザー）だと言えそうです（P100の図）。また、同年に文化庁が実施した「国語に関する世論調査」においても一ヶ月に一冊も本を読まないと回答した人が47・3％で、この数値は二〇〇九年、二〇一四年の調査時の数値とほぼ変化がありませんでした。つまり、この約半数の未顧客がマーケットポテンシャルだと考えられます。今後、少子化に伴う人口減少は避けられませんし、そのことが出版物の売上低下に影響を与えもするでしょうが、そうはいっても半数以上が未顧客なわけですから、未顧客を顧客化する取り組みを重ねていければ、まだまだ大きな可能性がありそうです。

■国立青少年教育振興機構(2019年)　1ヶ月に読む本の冊数

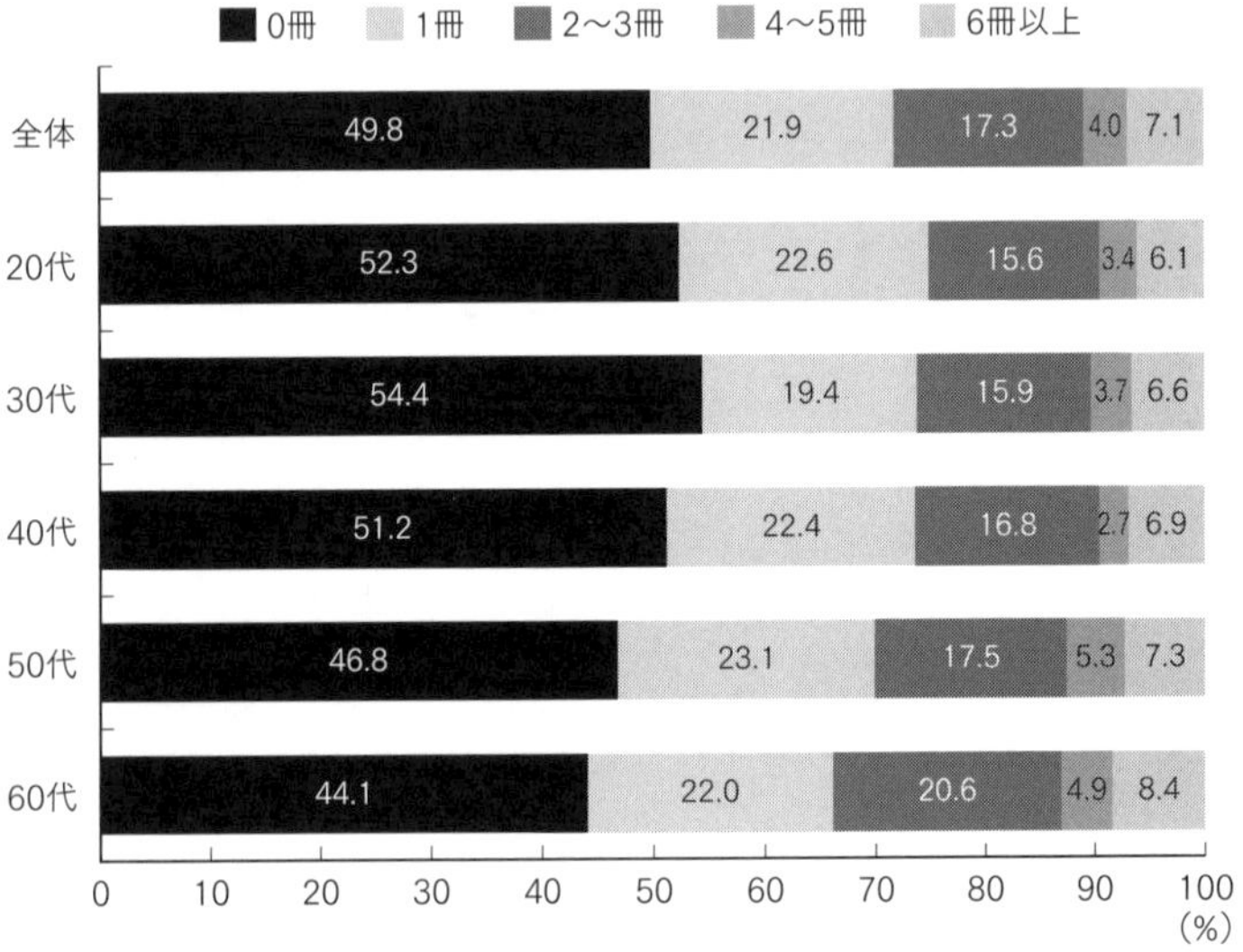

■国語に関する世論調査・文化庁(2019年)　1ヶ月に読む本の冊数

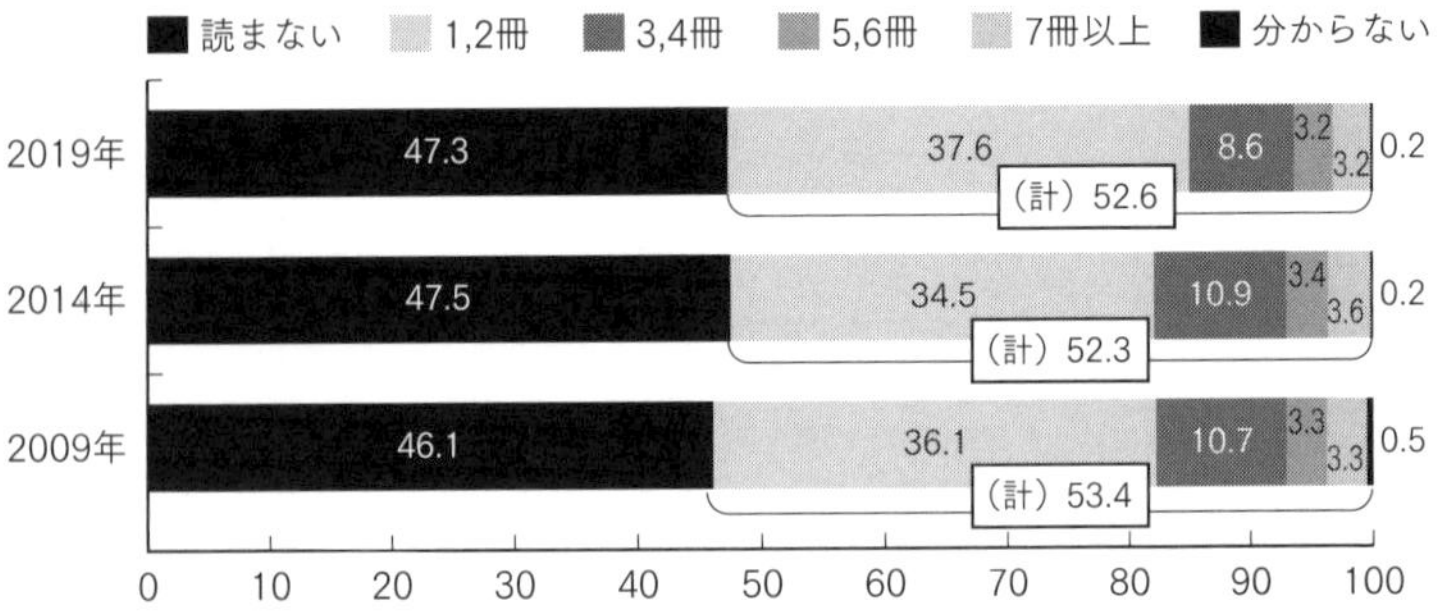

2.コアファンにこれ以上購入してもらうことは難しいから

次に、コアファンにこれまで以上に本を購入してもらうことは難しい、というのが二つ目の理由です。コアファンにこれまで通り継続して本を購入してもらえるよう、書店の店頭で努力をすることはできるでしょうが、これまで以上に消費量を増やしてもらうことは難しいです。月に十冊の本を購入する習慣を持つコアファンが、翌月から二十冊購入するようになることはまずないからです。リピートしてもらうことはできても、消費量を増やしてもらうことは叶いません。故に、コアファンだけを相手に商いを続けたところで、業界の売上規模が大きくなっていくことはありません。だから、本を読む習慣がない未顧客に対してアプローチしていくことが大事なのです。**ライトユーザーを増やすことこそ、業界を肥やしていくためにもっとも重要なアクションです。**そして、繰り返しになりますが、ノンユーザーをライトユーザーに変えていくことは広義の本屋の仕事であり、けんごさんが取り組まれていることもこれに当てはまります。

3.未顧客に対して本とのタッチポイントを創る仕事は「狭義の本屋」には難しいから

最後に、普段本を読まない人たちに向けて、本とのタッチポイントを創出する役割を、小売りの現場で勤める書店員や書店主（＝狭義の本屋）が担うことは難しい、というのが三つ目の理由です。狭義の本屋である書店員や書店主の仕事は本を売ることです。もちろん、未来の読者を育てるために書店内で様々な取り組みをすることは可能ですが（そもそも本に興味がない人はあまり書店に来ないのでこういった取り組みは難しいのですが）、最優先となる仕事は来店されたお客様に本を売ること。これに尽きます。書店での仕事はボランティアではなくビジネスですから、収益を追求しなければなりません。収益があがらなければ店がなくなるからです。

一方で、未顧客に対して本とのタッチポイントを創る仕事には、本を売って得られる収益が伴いません。本を売ることが仕事ではなく、本の魅力を伝えることが仕事だからです。重要なのは、狭義の本屋の仕事と、広義の本屋の仕事とを同一視しないことです。両者が担っている役割はあきらかに異なります。**どちらもが役割を果たさなければ業界の売上規模は大きくなりません。どちらか片方だけが頑張っていても意味がないのです。**

書店側だけが目の前の読者に本を売ることを頑張っても、本の魅力を伝え新たな読者を創出する役割を担う人がいないと、書店に足を運んでくれるライトユーザーが増えません。一方で、広義の本屋が新たな読者を生み、書店に足を運ぶライトユーザーが増えたとしても、書店の店頭に魅力がなければ次の一冊（次の来店）にはつながりません。けんごさんの動画をきっかけに筒井康隆さんの『残像に口紅を』を求めて書店に足を運ぶ若者が増えたとしても、そこで『残像に口紅を』だけを売っているだけでは意味がないのです。第一節のインタビューで元高校国語科教諭の嘉登隆さんが話されたように、「こういう脇道もありますよ」と選択肢を提示してあげるのが書店員、書店主の仕事です。メインストリートから路地裏の世界に誘うことは、書店の店頭でしかできない仕事だからです。

書評による本紹介とTikTokによる本紹介

二〇二一年の年末頃、書評家の豊崎由美《とよざきゆみ》さんがTikTokでの本紹介に関して批判的なツイートをし、けんごさんがTikTokでの本紹介をやめるという騒動に発展しました。

「正直な気持ちを書きます。わたしはTikTokみたいなもんで本を紹介して、そんな杜撰《ずさん》な紹介で本が売れたからって、だからどうしたとしか思いませんね。そんなのは一時の嵐。一時の嵐に翻弄《ほんろう》されるのは馬鹿馬鹿しくないですか？　あの人、書評書けるんですか？」というツイートでした。

先述の通り、広義の本屋の仕事と、狭義の本屋の仕事とを同一視しないことが重要なのですが、さらに補足をすると、広義の本屋のなかにも「既存顧客（コアファン）に対して仕事をする人」と「未顧客（ノンユーザー・ライトユーザー）に対して仕事を

■「書評」と「TikTokでの本紹介」の違い

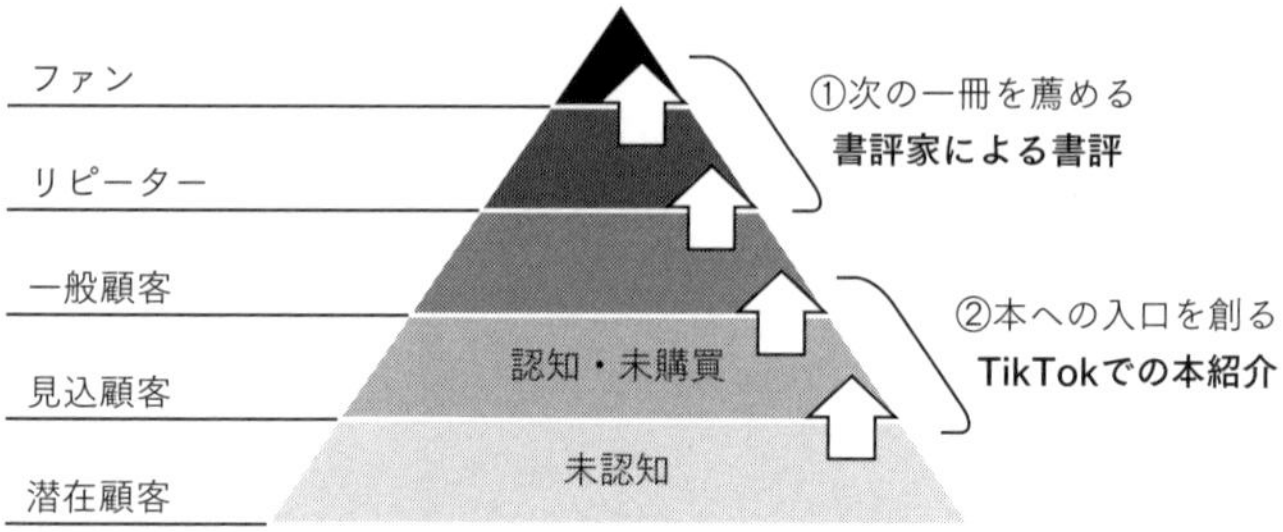

する人」とがおり、両者が果たす役割が異なる点にも注意しなければなりません。書評家も動画で本を紹介するTikTokerも、私の定義では広義の本屋に分類されますが、ターゲットや果たすべき役割が明確に異なります（上図）。

　書評家の仕事は、すでに本を読むことが習慣化している既存顧客がターゲットです。**本を読む習慣がない人が、雑誌やＷＥＢに掲載されている書評を読むはずがありません**。故に、書評家の書評をきっかけに本を読むようになった、という人はほとんどいないはずです。あえて言うまでもありませんが、「だから書評の仕事には価値がない」なんてことを言いたいわけではありません。書評を参考にして次に読む本を探す既存顧客は一定数おり、出版業界にとって欠かせない重要な仕事です。

　一方で、「TikTokでの本紹介は、普段本を読む習慣がない未顧客（ノンユーザー・ライトユーザー）がターゲットです。彼ら彼女らは本に興味を持っていないわけですから、まとまった分量の文章で本を紹介している書評には見向きもしません。約一分という短い時間の動画だからこそ興味を示してくれるのです。「あの人、書評書けるんですか？」という指摘がありましたが、書評は書けなくても問題がないのです。書評家の仕事もTikTokでの本紹介も、どちらもが読者に本を届けるために必要とされる貴重な仕事です。両者の仕事に優劣はなく、比べる必要すらありません。本に関わっている人たちが、自分の持ち場で自分のやれることをやればそれでいいのです。

最後に、けんごさんの本紹介について思うことを少し書いておきます。豊崎さんのツイートに「杜撰な紹介」という言葉がありました。たしかに、既存顧客向けの書評をベースに考えると、わずか一分の動画で本を紹介することを「杜撰」だと指摘する気持ちはわからなくもありません。ですが、普段本を読む習慣がない若い世代に向けた本紹介であることを考慮するとどうでしょうか？　細かなところまで計算し尽くされた非常に秀逸な本紹介だと私は思います。私はこれまで様々な工夫を重ねて本を売る努力をしてきたので、けんごさんが「どのように紹介すれば本を読まない人に魅力を伝えられるか」を突き詰めて考え、細かな技術を駆使して動画を制作されていることが、一瞬にして理解できました。書店員が本を売る際に、何と並べて、どのようなPOPを付けて、どのように陳列して販売をするか試行錯誤するように、けんごさんも本のお薦めポイントをどこに絞り、どのような構成にし、どのような表情・しゃべり方で伝え、編集するのかを練りに練った上で動画を制作されているはずです。

けんごさんの動画紹介には様々なバリエーションがありますが、共通しているのは、本を読む習慣がない人に興味を持ってもらうための工夫が盛り込まれている点です。たとえば、野崎《のざき》まどさんの『小説家の作り方』（KADOKAWA）を紹介した動画。けんごさんが本を紹介しているテキストを10のブロックに分類したものがP107の表です。起承転結が明確になっており、随所《ずいしょ》に最後まで視《み》てもらうための工夫が施されています。起承転結の「起」の最後に、「とりあえず、最後まで聞いてください」と一言添えてあるのも心憎いです。「1」と「3」で同じような内容の言葉が続いたことと、その後に少し長めのあらすじ紹介が入ることを想定し、「とりあえず、最後まで聞いてくださ い」という一文が挿入されたのかもしれません。この一文が挿入されるだけで、不思議と「よし、最後まで聞いてみよう」という気持ちにさせられます。

この動画は全体で43秒の動画で、そのうち26秒をあらすじ紹介に費やしています。少し長いあらすじ紹介ですが、その26秒の中でも「6」でテキストを強調したり、「7」で書影の美人を強調したりすることで、まったく退屈さを感じさせません。そして、「9」での転調、「10」での見事な幕引き。完璧な本紹介ではないでしょうか。

■けんごさんによる野崎まど著『小説家の作り方』の紹介テキスト

	テキスト	起承転結	内容	構図
1	この世で一番面白い小説を読みたいとは思いませんか？	起	問いかけ	―
2	『小説家の作り方』		タイトル	書影
3	この作品はこの世で一番面白い小説、の小説です。		キャッチコピー	―
4	とりあえず、最後まで聞いてください。			―
5	あらすじは、担当編集から「この世で一番面白い小説を書いて」と言われる駆け出し作家の物実のもとに、一通のファンレターが届きます。 感動した物実はそのファンレターに返信すると、送り主からそれまたとんでもない返信がくるんですね。	承	あらすじ①	―
6	「この世で一番面白い小説のアイデアを閃いたので、小説の書き方を教えてください」		あらすじ②	テキストを強調
7	そこからいろいろあって、送り主と直接会うことになります。会ってみたらすごく美人で、ちょっと不思議な女性だったんですよ。		あらすじ③	書影の美人を強調
8	しかも彼女は、今まで小説を50万冊読んでるという。 ここから小説の書き方のレクチャーが始まるのですが…		あらすじ④	―
9	いやいやいや、それは予想できない。びっくりしました。 まさに小説家のつくり方。	転	感想	―
10	この作品を最後まで読むと、この世で一番面白い…	結	締めくくり	―

そして、この動画では著者の「野﨑まど」という単語が一度も出てきません。普段本を読まない人にとって、著者が誰で、どんな作風の人なのかは興味の対象外だから、あえて入れなかったのではないかと思います。この動画のラスト、「この作品を最後まで読むと、この世で一番面白い……」という一番先が気になるところで、ぷつっと動画が終わってしまう点も見事です。私自身も先が気になってつい購入してしまいました。

Interview

本を読まない人に発信するためにTikTokを選んだ

けんご
（小説紹介クリエイター）

今でもふと思うんです
もし中高生の自分が小説と出合っていたら、と

――けんごさんは子どもの頃から読書が好きだったのでしょうか？

けんご　いえ、本はまったく読んでいませんでした。僕、地元では一番野球が上手《うま》くて、当時はいずれプロ野球選手になるのだと本気で信じていたんです。高校卒業までは野球漬けの毎日でしたね。

――では、どんなきっかけで本を読み始めたんですか？

けんご　大学の野球部の寮では一人部屋が与えられたので、高校生活とうって変わってプライベートの時間が生まれたんです。とはいえ、アルバイトの時間は限られており、学生らしくお金はないわけです。そこで、コスパがよく、時間を長く潰せる方法を探しました。そのとき、ふと小説を読んでみようかなと。

――なるほど。そのときは本屋へ？

けんご　そうです。神奈川県のたまプラーザ駅近くの有隣堂《ゆうりんどう》へ行きました。本を購入する目的で本屋に足を運んだのは、大学一年生のそのときが初めてでした。文庫コーナーをあらためてまじまじと眺めてみると、「うわ。小説ってこんなにたくさんあるんだ……！」という驚きがあったのを覚えています。ちなみに、そのときに出合ったのが東野圭吾さんの『白夜行』（集英社）でした。

――『白夜行』が最初の一冊だったんですね。

けんご　何を読めばよいのかわからずウロウロしていると、平積みされた作品がふと目に入り、そこで一際目立っていたのが『白夜行』でした。東野圭吾さんというお名前に聞き覚えがあったのも選んだ理由の一つです。手に取ってみると分厚くて「これなら時間を潰せそうだぞ！」と。

――そこからは、芋づる式に小説にのめり込んでいったのでしょうか？

けんご　まさにそうです。ネットで調べてヒット作品を次々に読んでいきました。伊坂幸太郎さんの『ゴールデンスランバー』（新潮社）や宮部みゆきさんの『火車』（新潮社）などを経て、小説の世界にどんどん引き込まれていきました。

――「ミステリ」はちょうどよい入口だったのかもしれませんね。

けんご　はい、今思うと小説を知らない人間がハマるべくしてハマったラインナップだなと。ただ恥ずかしながら、当時は伊坂幸太郎さんも宮部みゆきさんも知りませんでした。全国の書店員の投票によってノミネート・受賞作品が決定する「本屋大賞」の存在を知ったのも、本を読み始めてから一年後のことでした。

――私もけんごさんと同じく大学一年生で読書の面白さを知りました。子どもの頃から読書が身近だった人と比べて、読み始めた時期は遅いのですが、だからこそ「本を読まない人」の気持ちがよりわかるのかもしれません。

けんご　普段読まない人からすると本当に「きっかけ」の少ないエンタメですよね。本の業界内で話題でも一歩外へ出るとまったく話題になっていないケースも往々にしてあります。先ほどの本屋大賞の例もそうですよね。かつての僕のような人がふと本を読むようになる「きっかけ」は本当に少ないと思います。

――けんごさんの現在の活動はそういった背景からも？

けんご　そうですね。僕自身、小説を好きになったタイミングが遅かったからこそ、もし中高生の頃の自分に読書体験があったとしたら……とふと思うことがあるんです。今頃どうなっていたのだろうと。だからこそ「小説はこんなに素敵なんだよ」という発信を通じて、今の中高生の皆さんに「きっかけ」を生み出したい、その気持ちはずっと変わらずにあります。

TikTokを選択したのは読書に関心がない人に届けるため

――SNSで小説を紹介する活動はいつから始めたんですか？

けんご　二〇二〇年の末頃です。当時は、就職活動を終えたばかりの大学四年生でした。

――どういった経緯だったのでしょうか？

けんご　元々、内定していた会社がありました。しかし、その会社の研修を受けているうちに、自分がそこで働いているイメージがまったく持てなくなり、その日に内定を辞退してしまったんです。これからどうしていこうかと考えるなかで、ちょうど同時期に副業ブームが起こっていたこともあり、お小遣い稼ぎに動画編集をしてみようと勉強し始めました。すると、徐々にクラウドソーシングなどを経由してお仕事の依頼をいただけるようになり、その流れで、今は身を引いているのですが、知り合いの先輩と映像制作会社を一緒に立ち上げました。すると、他の方が撮影した動画を編集する機会が増え、それらを見ているうちに「自分の方が面白く話ができるな」と感じることが増えてきました。いわば、根拠のない謎の自信です（笑）。そこで、自分も動画を通じて何か発信してみようと思ったのです。

――発信の題材に本を選んだのはなぜでしょう？

けんご　まず、自分の好きなものでないと続かないと思いました。その当時、胸を張って「趣味」と言えるものは「小説を読むこと」だけ。でも、これなら楽しく継続できるかもしれないと。

――とはいえ、「本をお薦めしたい」という気持ちが強くなければ続かないですよね。

けんご　それで言うと、僕の周りには本を読む友人があまりいなかったんです。日々の会話の中で本の話にならないので、僕もあえて話題に出しませんでした。そういう環境だったので、誰かと本について語り合ったり、面白かった一冊をお薦め合ったりすることもありませんでした。だから小説の面白さを「誰かと共有したい」気持ちがずっと自分の中にあったのだと思います。

――様々な発信方法があるなかでTikTokを選んだのはなぜですか?

けんご　TikTokを選択したのは本を読まない人への発信活動の第一歩として重要でした。TikTokにした理由の一つは、せっかく動画編集を学んでいたので動画を使った発信をしたかったからです。そしてもう一つは、読書に興味関心がない人に向けて発信をしたかったからです。当時は、動画のプラットフォームといえばYouTube一強でしたが、YouTubeは視聴者がサムネイルとタイトルを見てクリックしなければ再生されない仕組みだったのが気になりました。

――すでに読書に関心がある人にしか届かないと。

けんご　そうです。一方でTikTokはレコメンド機能などがあり、様々な人にリーチする可能性があります。今は小説が好きではない人のもとにも僕の動画が流れるため、見てもらうきっかけが生まれやすいと考えました。ちなみに、その後YouTubeでもショート動画機能が搭載されたため、現在はYouTubeでの発信も並行して行っています。

「物語」にフォーカスする

――本を読まない人に小説を紹介する上で特にどういう点を意識していますか?

けんご　明確にあるのは「まったく知らない人」の目線に合わせることです。

――どういうことでしょう?

けんご　たとえば、「本屋大賞」「直木賞」「芥川賞」……何がどう違うのか、「五万部」「十万部」あるいは「百万部」……何がすごいのか、本を読まない人には伝わっていません。「東野圭吾さん」「伊坂幸太郎さん」「宮部みゆきさん」を知らない人もいます。僕もそうだったように。そのため、失礼な言い方になってしまうのですが、こういった情報は僕のSNS発信においては「余計な情報」だと思っているんです。

――すでに本が好きな人以外には伝わらない情報だと。

けんご　そうです。だから僕の小説紹介ではそういう情報を排除して、小説の「物語」にフォーカスします。もちろん、本屋の売場展開では「百万部」や「著者最新作」といった情報が必要になる場合もあるでしょう。でも、それはあくまで本を求めて本屋に来ている人に向けて大事な情報であって、本を読んだことがない人にはわかりません。最近では書籍の帯に「TikTokで話題!」などと書かれる機会も増えていますが、それも同様です。正直、物語の中に出てくる印象的な一文をシンプルに押し出す方がよいのでは、と僕は思ってしまいます。

――長いこと業界にいると業界の常識に染まってしまい、本を読まない人やライトに楽しんでいる人たちの感覚から遠くなってしまいます。

けんご　たとえば、野球業界も似ていると思うんです。二〇二二年に日本一になった球団はオリックスですが、野球好きには当たり前のことでも、そうでない人は意外と答えられないんですよね。一昨年の優勝チームはなおさらです。連日東京ドームを満員にするような、ある意味で巨大なエンタメですら、野球業界に詳しい人以外には伝わっていない。となると、本の業界はよりそれが起こっていると考えています。昨年や一昨年の本屋大賞一位の作品名を答えられる人は残念ながらほとんどいない、そう考えていた方がよいのかなと。

――たしかに、そうですね。どうしていきましょう（笑）、頑張らないとなぁ。

けんご　じゃあ「どうしたらよいか？」と問われると、僕もまだわからないのですが、これからも試行錯誤を続けていきたいです。

――ちなみに先ほど「物語」にフォーカスして紹介すると仰いましたが、けんごさんの場合はただ紹介するのではなく、様々な工夫を施しており、どの動画も素晴らしいんですよね。動画を撮影するときはテキストから考えるのでしょうか？

けんご　まずは話す内容を書き起こします。動画は約一分間で情報の取捨選択が必要なためです。自分の主張や感想は削るなど、一言一句にこだわって台本を作っています。

――紹介の仕方にはいくつかのパターンがありますよね。小説の中のシチュエーションを説明し、「あなたならどうしますか？」と問いかける手法や、動画の最初に「想像してみてください」と伝え、小説冒頭の印象的なシチュエーションを説明することで、作品世界に興味を持たせる手法など、あの手この手で新たな読者を創るための工夫をされています（P117の図）。本当にバラエティ豊かです。作品の特色に応じて使い分けているのでしょうか？

けんご　はい、どんな風に紹介すると興味を持ってもらえるか、かなり考えます。興味とは、僕の動画への興味ではなく、その本を「買って読みたい」と思えるほどの興味です。そこまでのフェーズに進んでもらうためにはどうしたらよいか、常にそういったことを考えて動画づくりをしています。

三十年以上前の作品が中高生を中心に再ブレイク

――発信がちゃんと届いている実感はありますか？

■小説紹介のバリエーション

	分類	紹介方法・効果	紹介動画
1	冒頭であらすじを伝える	冒頭に一言であらすじを伝え、一瞬でどのような小説かを理解させる。	八目迷『夏へのトンネル、さよならの出口』
2	続きが気になる	途中まであらすじを紹介するが、その後どうなったかを明かさず、続きが知りたいと思わせる。	平山夢明『他人事』
3	真相が気になる	結末がどうなったのか気になるよう、あらすじと結末に関する感想だけを述べる。	辻堂ゆめ『君といた日の続き』
4	あなたならどうする？	小説の中のシチュエーションを説明し、「あなたならどうしますか？」と問いかけることで、作品世界に興味を持たせる。	楪一志『レゾンデートルの祈り』
5	あなたはどう思いますか？	小説の中で述べられている問題提起を紹介し、「あなたはどう思いますか？」と問いかけることで、作品世界に興味を持たせる。	湊かなえ『カケラ』
6	想像してください	「想像してみてください」と伝え、小説冒頭の印象的なシチュエーションを説明することで、作品世界に興味を持たせる。	青崎有吾『早朝始発の殺風景』
7	主人公なりきり	けんごさん自身が紹介する小説の主人公になりきって、感情を吐露することで、その小説に惹き付ける。	東野圭吾『変身』『さまよう刃』
8	理由が最後に説明される	冒頭で「絶対に誰もいない場所で読んでください」と伝え、動画の最後になぜ誰もいない場所で読まなければならないか、理由が説明される。	櫻いいよ『交換ウソ日記』
9	途中で終わる	「この作品を読むと、この世で一番面白い……」で唐突に動画を終えることで、この小説の結末が知りたいと思わせる。	野﨑まど『小説家の作り方』
10	キャッチコピーを伝える	紹介する本のインパクトあるキャッチコピーを動画の最後で紹介することで、読んでみたい気分にさせる。	真梨幸子『私が失敗した理由は』

けんご　動画のコメント欄やＤＭで「本は全然読んだことがなかったのですが、紹介された作品を読んでみたら面白かったです！」という反応をいただいたり、中高生の親御さんから「子どもが急に小説を読み始めたのは、けんごさんの投稿がきっかけでした」と連絡があったりすると嬉しい気持ちになります。目的が果たされていると感じますね。最近は「読書感想文にお薦めの作品を教えてください」というコメントももらいます。本を読まないといけない場面で僕を頼りにしてくれるのもありがたいなと。

――筒井康隆の『残像に口紅を』（中央公論新社）や、ダニエル・キイスの『アルジャーノンに花束を』（早川書房）など、けんごさんの紹介した本が再びヒットし、重版に繋がることもあります。

けんご　そういうときも届いている実感があります。本を普段読まない方にも興味を持ってもらったが故に不朽《ふきゅう》の名作がさらに部数を伸ばすのかなと。

――すごいですよね。『残像に口紅を』を初心者に薦めようなんて普通思いつかないですが、ああいう紹介をされたら、そりゃ買っちゃうなって。

けんご　僕の動画の視聴者は圧倒的に二十四歳以下の女性の方が多くて、そういう人たちが『残像に口紅を』を手に取ってくださるのは不思議で面白いことだなと感じます。

――紹介する本はどうやって選んでいるんですか？

けんご　最近は新刊を意識的に選んでいます。僕自身も二〇二二年に『ワカレ花』（双葉社）という小説を出させていただいたのですが、その際に新刊の寿命の短さを痛感しました。発売当初は華々しく扱われても、そこで話題にならないと、あっという間に本屋からなくなってしまいます。そのため、この一年間くらいは新刊のタイミングでの紹介をなるべく意識しています。

まずは本が今以上に読まれて業界全体が潤うことが大事だと思うんです

――ここまでお話を伺ってあらためて思いますが、けんごさんの紹介によって本を読まない層が本屋に足を運んでくれたときに、その人が「また次の本を買いたい」「また本屋に来たい」と感じる仕掛けが本屋側にあるといいですよね。紹介された本が店頭で売れたことをただ喜ぶだけではなくて、そこからさらなる深みに誘うのが書店員の仕事だなと。

けんご　僕が主戦場としているＳＮＳ業界も同じですが、本の業界も市場規模の観点では小さなパイを分け合っている状態です。それをどう広げてゆくかが最も重要ですよね。

――約五割の人が一ヶ月に一冊も本を読まないという意識調査の結果もあります。ヒット作がお店で売れた・売れないという話も大事ですが、どうやって新たな読者層を取り込んで業界全体を盛り上げてゆくかも同じく重要な視点です。

けんご　間違いないですね。たとえば、「紙の書籍か、電子書籍か？」という論争がありますが、まずは業界の盛り上がりが最優先だと僕は思います。だから紙の本にこだわる必要はないんじゃないかなと。もちろん、個人的には紙の本が好きですし、本屋もなくなってほしくないのですが、まずは本が今以上に読まれて業界全体が潤うことの方が大事ですよね。

――まったくもって同感です。

けんご　ただでさえ今は時間の奪い合いが苛烈《かれつ》です。SNS上にもたくさんの面白いコンテンツが溢《あふ》れており、本を手に取ってもらうには高いハードルが存在します。しかし、本にしかない魅力は確実にあるため、より多くの人に届いてほしいものです。

――時間の奪い合いで言うと、電車に乗ると今はたくさんの人がゲームをしています。ゲームをする理由について聞いたアンケート結果を見ると、そこでは「暇つぶしになる」「好きな時間に楽しめる」「気軽に始められる」「非日常を味わえる」といった回答が多いようです。これは読書の魅力とも似ていませんか。そしてスマホで読める電子書籍のメリットとも重なる部分があります。「暇つぶしになって」「非日常を味わえる」といった意味では、たとえば、移動時間に短編ミステリを読むのなんてぴったりだと思います。

その一冊がまず届くこと　そうでないと前に進まない

――やはり本を読み始める「きっかけ」づくりが大事ですよね。本を読み始めた人に一人ずつ「きっかけ」に関するアンケートを取ってみるのも面白そうです。そこにいろんなヒントがあるんじゃないかと思います。

けんご　たしかにそうですね。ちなみに僕の場合は、両親から「本を読め」と押し付けられた経験が一度もなかったことも影響していそうです。おそらく、いや間違いなく大きな要因のはずです。押し付けられたある種のトラウマ体験があると、本を読む「きっかけ」がさらに生まれづらくなるはずです。

――学校の読書感想文も同じですよね。本を好きになってもらう「きっかけ」を生み出すことだけでなく、本を遠ざける「きっかけ」を取り除くことも同じく大事だなと。

けんご　そうですよね。ちなみに、本好きの人がこれから本を好きになろうとしている人を突き放すような場面も見かけます。もちろん、ごく一部ですが。たとえば、著

けんご
小説紹介クリエイター。TikTokやYouTubeなどで、わずか１分程度で小説の読みどころを紹介する動画を次々に投稿。作品の的確な説明と魅力的なアピールに、ＳＮＳ世代の10代〜20代から絶大な支持を得ている。

者の方がＳＮＳでAmazonリンクを貼り付けて新刊案内するのを批判する方がいます。たしかに、本屋で本を買う体験の素晴らしさを僕も理解しているつもりですが、まずその本が一冊でも売れないと前に進まないと思っていて。Amazonで買って読んだらそれが面白くて、同じ著者の本をもっと読もうと本屋に足を運んでくれる可能性もあるんじゃないかなと。

――　ほんとその通りですね。コアファンがにわかファンを叩《たた》く構造は様々な業界にありますが、にわかファンが入りにくいと、やはりその業界は盛り上がらないですよね。けんごさんの活動はこの業界の問題点の本質を突いていると私は思います。

けんご　ありがとうございます。

――　最後に、活動について今後の展望を教えてもらえますか？

けんご　長く続けてゆくことが最大の目標です。ＳＮＳの世界は移り変わりが速く、人気になったとしても寿命が短いんですよね。だから、その寿命をいかに長く保つか、いかに長く小説の魅力を発信し続けるか、が僕の関心事であり今後の目標です。

――　これからも長く活動してほしいです。その先には、けんごさんの活動に着想を得て新たに活動を始める次の若い世代が出てくるかもしれませんね。

けんご　それはもう、本当に嬉しいですね。

Column

本屋という、モノとコト

粕川ゆき
（いか文庫）

「本を読まない人に本を売るんだよ」これは、私が初めて働いた本屋で上司に言われた一言です。正しくはこんな言い方じゃなかったかもしれないけれど、あえて、自分に刻まれているカッコいい言い方で書いておこうと思います。

十五年前、スポーツメーカーを辞めて自分が大好きなお店で働いてみたいと思い、ヴィレッジヴァンガードに入りました。ここは「遊べる本屋」というキャッチコピーがある〝本屋〟ではあるけれど、雑貨やお菓子などもごちゃまぜにして、宝探しをしているような気持ちになるお店。その魅力に夢中になり、学生の頃から通い続けていました。

そこでＰＯＰの達人に出会いました。彼に言われたのが、冒頭の一言です。「雑貨を買いに来たはずなのに、思わず本も買っちゃったって人を作るためのＰＯＰ」を書くのだと教えられました。本のあらすじ、魅力、トリビア、表紙など、様々な要素をピックアップして、本を読まない人への〝ひっかかり〟をたくさん作る。一息で読める長さにして、文章に苦手意識がある人にもスッと入りやすい文にする。そこから「この本、自分に合うかも」と、気軽に興味を持ってもらう、というメソッドです。誰もが関心を持ちやすい雑貨で間口を広げ、本から得られる無限の興味の世界への入口も用意する。こんなにも魅惑的な場所だったなんて！　と、仕事としても夢中になりました。

働き始めて五年経った頃、自分で「いか文庫」という本屋を始めました。でも、お店も無く、売る本も持たない本屋です。最近は本を売るスペースを借りたり、WEBサイトで売ったりもできますが、それもしていないので、エアギターの本屋版という意味で「エア本屋」と名乗り、様々な形で本の面白さを伝えることをメインの仕事としています。

具体的には、リアル本屋や図書館の棚をお借りして期間限定の選書フェアを開催したり、カフェや公園でイベントを企画したり、オリジナルグッズを作って販売したり。あっという間に十一年目となりました。ここ数年は本屋さんでのフェアは行っていませんが、その代わり雑誌やラジオなどで出店=本を紹介しています。

よく、「どうやってアイデアを思いつくの?」と聞かれるのですが、いつも明確に答えられません。思いつくのはアイデアというより、「本と〇〇を繋げたら楽しそう」という感覚だからです。本+音楽=ライブハウスで一夜限りの本屋イベントをしたり、本+食べ物=シウマイ弁当にまつわるエッセイを朗読した後、シウマイ弁当を実食してみたり。本はすべての物事に繋がるので、何でもできちゃいます。この感覚はおそらく、ヴィレッジヴァンガードで身についたものだと思うので、書店員キャリアの最初があのお店で良かったなと、今でも思います。

ここ数年、テレビの情報番組の一コーナーでマンガを紹介しています。ここでは、番組のゲストに合わせて、愛犬家の方なら「犬」とか、時代劇の出演者の方なら「歴史」という風にテーマが決められるので、そのテーマをもとにいくつか候補作を挙げ、スタッフさんと相談をしたりして紹介作品を選びます。

ここで意識することがもう一つ、視聴者の方のイメージです。この番組の視聴者は女性が多くて、年齢層は三十～六十代までと幅広いので、どのポイントをお薦めするのが良いのか？　を考えます。自分自身が視聴者層のど真ん中なので、自分や周りの友人たちの日常に繋がるエピソードを組み合わせ、コメントに盛り込んだりもします。「私、このマンガ読んでみたいかも」と、身近に思ってもらいたいからです。

本屋さんに行けばたくさんのマンガがあって選び放題です。でも、普段マンガを読み慣れていなくて、自分にどのマンガが合うのかがわからない人は、きっと本屋さんに行く機会もあまりないはず。対して、〝家で何気なく見ていたテレビ〟で、読んでみたいマンガに出合うのは、ある意味、本屋さんで直接お薦めされているのと同じことなんじゃないかなと思って紹介しています。

ヴィレッジヴァンガードの後、セレクト重視の独立系書店で八年働き、三年前か

粕川ゆき（かすかわ ゆき）
スポーツメーカーに勤務したのち、学生時代から通っていた書籍と雑貨の店「ヴィレッジヴァンガード」に転職。その後、自ら立ち上げた店舗のない本屋「いか文庫」の活動も行いながら、渋谷にある独立系書店 SHIBUYA PUBLISHING & BOOKSELLERS（SPBS）の店長となり、2020年４月から二子玉川 蔦屋家電に。

ら、いわゆる大型書店でも働いています。だから、〝本屋は本を売り買いする場所〟、それは大正解、と答えられるようになりました。本屋は売上が無いと成り立たないということも、身をもって理解しているつもりです。ただ、本屋さんに行くまでの物理的、心理的距離感は人それぞれです。だったら、本を差し出す方法もいろいろあって良いんじゃないかなと、より一層強く思えるようになりました。本を買う人が増えることが、本屋に行く人が増えることに繋がると信じています。

私自身は、決してたくさんの本を読む人ではありません。でも、本以外にも、音楽とか食べ物とかアイドルとか歴史とか、好きなものがたくさんあって、それらすべてに本を繋げることができる、ということに魅了され続けています。だからこそ、逆説的に本の楽しみ方を考えて伝えることがとても好きです。伝わった時の感動もたまりません。それが、私の活動の軸であり、原動力になっていると思います。

そんなこんな考え続けていくと、誰でも、何でも、この世のすべてのモノコトが本屋になれるのかもしれない、という結論に至りそうなのですが、大丈夫でしょうか？あらゆるモノコトと本を橋渡しをするのが、本屋というモノコトなのかもしれません。

第二章では、本を読む習慣がない人たちに、どうすれば本に興味を持ってもらえるのかを、具体的な取り組みを実践されてきたお二人に教えていただきました。けんごさんが仰るように、「まったく知らない人」の目線に合わせることは何より重要です。「顧客の行動は不合理だ」とよく言われますが、実際はそうではなく、「我々が気付いていないだけで、顧客には顧客の合理があるのかもしれない」という視点を持ってみることが重要だと、第一章でインタビューをした芹澤連さんが仰っていました。本を読まない人たちには、その人たちなりの合理が必ずあるのです。

未顧客を理解するとは、どうすれば健康志向の人にレギュラーコーラが売れるか、コスパ重視の人にプレミアムビールが売れるかを理解するということです。定常的な価値観やいつもの行動をいくら細かく記述しても、「いつもとは異なる道筋」を見つけることはできないわけです。

健康志向の人がレギュラーコーラを飲みたくなるのはどういうときか。どういう条件がそろえばコスパ重視の人でもプレミアムビールを買うのか。未顧客を獲得するためには、そうした「特定条件下における思考や行動の変化と、それがブランド選択に及ぼす影響」を理解することが必要になります。

芹澤連『〝未〟顧客理解　なぜ「買ってくれる人＝顧客」しか見ないのか？』（日経

BP）

普段本を読まない人が本を読みたくなるのはどういう時か。どういう条件が揃えば本を読む習慣がない人が本を購入するのか。もっと掘り下げて考えていけば、何らかの打開策が見えてくるかもしれません。大好きなアーティストが紹介していた愛読書なら読んでみたいと思うのか、恋人から贈られたプレゼントであれば読んでみたいと思うのか、クラスの友達たちがみんな知っていて話題に乗り遅れたくないものなら読んでみたいと思うのか、インスタで見かけたビジュアルがオシャレで可愛い本なら読んでみたいと思うのか、好きなアパレルショップでそのブランドを体現する本が置いてあったら読んでみたいと思うのか……。日頃の行動を変容させる何らかの状況があるならば、そこに本が寄り添えるチャンスはまだまだ残されていそうです。

世の中には面白い娯楽が溢れており、時間の奪い合いが苛烈《かれつ》です。そのような状況下で本を手に取ってもらうのはハードルが高いとけんごさんは言います。だからこそ、本を読まない人側の文脈で、本の持つ価値や魅力を再解釈する必要があるのです。

さて、ここまでは「本を読まない人たちに本の魅力を伝え、読者になってもらうためには、どのような取り組みが必要か」を考えてきました。次の第三章では少し視点を変え、異業種の事例をもとに「書店が新たな顧客を獲得するために、どのような取り組みが必要か」を考えます。

第三章

本への入口を広げる

第一節

異業種から学ぶ「新規顧客創出法」

なぜ異業種から学ぶのか？

第一章では「本屋とは誰か？」というテーマのもと、広義の本屋と狭義の本屋を具体的に定義し、両者の役割が異なることを示しました。また、第二章では私が広義の本屋だと考えるお二人にインタビューをし、新たな読者を創るためのヒントを探りました。そして、本章では少し視点を変え、異業種の事例から新規顧客を創出するための方法を模索したいと思います。

なぜ異業種の視点から考察をするのか、まずはその理由から説明しておきます。本屋に限らずどの業界でも言えることかもしれませんが、**一つの業界で長く働いていると、その業界での慣習や当たり前とされていることが無意識のうちに染み付いてしまい、常識を疑うことができず新鮮なアイデアを生むことができなくなってしまいがちです。**よく、企業におけるイノベーションは内部から起こらず、外部から来た新しい経営陣が成し遂げる、というような話も聞きますが、これもやはり、同じ業界内に居続けることで「目の前にあるのに見えていない」問題点が、外部の人からははっきりと見え、その問題点を正していくことでイノベーションが成されると解釈できます。

そういう意味でも、業界内で積み上げてきた知識や経験のみで思考するのではなく、うまく外部の視点や知恵を取り込んで試行錯誤を重ねていくことが重要だと言えるで

しょう。

本章では、「新たな読者を創出するために何ができるか？」という本書における至上命題について、異業種の視点から考えてみます。新規顧客を増やすための方法はいくつもありますが、その中から次の六つにしぼってみました。「ターゲットを拡大する」「用途を拡大する」「アンバサダー（インフルエンサー）を活用する」「付加価値を付ける」「ギフト需要を創出する」「掛け算思考で新たな価値を生む」の六つです。

1．ターゲットを拡大する

新規顧客を創出するための方法としてまず思い浮かぶのが「ターゲットの拡大」ではないでしょうか。事例として取り上げるのは、ユニバーサル・スタジオ・ジャパン（ＵＳＪ）です。

二〇〇一年にハリウッド映画のテーマパークとし

て誕生したＵＳＪは、初年度の来場者が一一〇〇万人を超え、華々しいスタートを切りましたが、その後は徐々に低迷し、二〇〇九年には七〇〇万人台にまで落ち込みました。

その後、二〇一二年以降にＶ字回復を遂げ、様々なメディアでその様子が取り上げられました。そして、Ｖ字回復を遂げることができたのは、これまで不必要なまでに狭かったターゲットを拡大する方針を貫いたからです。まず手始めに、二〇一二年に新ファミリーエリアである「ユニバーサル・ワンダーランド」を建設し、これまで充分に取り込めていなかった家族連れ顧客の獲得を狙います。結果、小さな子ども連れファミリーの来場が一気に増え、二〇一二年度の来場者数は九七五万人にまで回復。一転して、家族連れ顧客の集客がＵＳＪの強みへと変貌したのです。

加えて、「映画だけ」のテーマパークという縛りも不必要なまでにターゲットを狭めていたため、「映画の専門店」から「世界最高のエンターテインメントを集めたセレクトショップ」へと方針を変えていきます。当時、ＵＳＪが低迷している要因は、映画のテーマパークからブレてしまい、ディズニーランドと差別化できていないからだと言われていたそうです。ですが、ＵＳＪをＶ字回復に導いた森岡毅《もりおかつよし》さんの著書『ＵＳＪのジェットコースターはなぜ後ろ向きに走ったのか？』（ＫＡＤＯＫＡＷＡ）によると、東京と大阪の間には交通費という「三万円の川」が流れており、両方のマーケットは分断されているため、差別化戦略（映画のみのテーマパークを目指す「ニッチ戦略」）は必要ないと断じ、アニメでは「ワンピース」、ゲームでは「モンスターハンター」など、強力なブランドをうまく取り込みＵＳＪの経営を軌道に乗せていきます。

そして、二〇一四年には過去最大の四五〇億円の投資を行い、「ウィザーディング・ワールド・オブ・ハリー・ポッター」をオープンします。ハリー・ポッターは、全日本国民の九割以上が見たり、読んだりした接点がある、Ｓクラスの稀有《けう》なブランドです。このオープンにより、日本全国どころか世界中からの集客を実現し、関西依存の集客構造から脱却することができました。ターゲットの拡大により新規顧客を創出した事例として、これほどわかりやすく規模が大きいものはなかなかありません。

本の業界に置き換えて考えると……

「ターゲットの拡大」を本の業界に置き換えて考えてみると、すぐに思いつくのは店頭だけではなくＥＣで本を販売することや、店頭で開催するトークイベント等をオンラインで配信することなどです。ＥＣ・オンラインを活用することで、店頭に来ることができないお客様に購入していただくことができ、顧客の裾野《すその》を広げることが可能になります。店頭に来ることができない理由は様々ですが、Ｐ１３６の図に示した通

■EC・オンラインを活用したターゲットの拡大

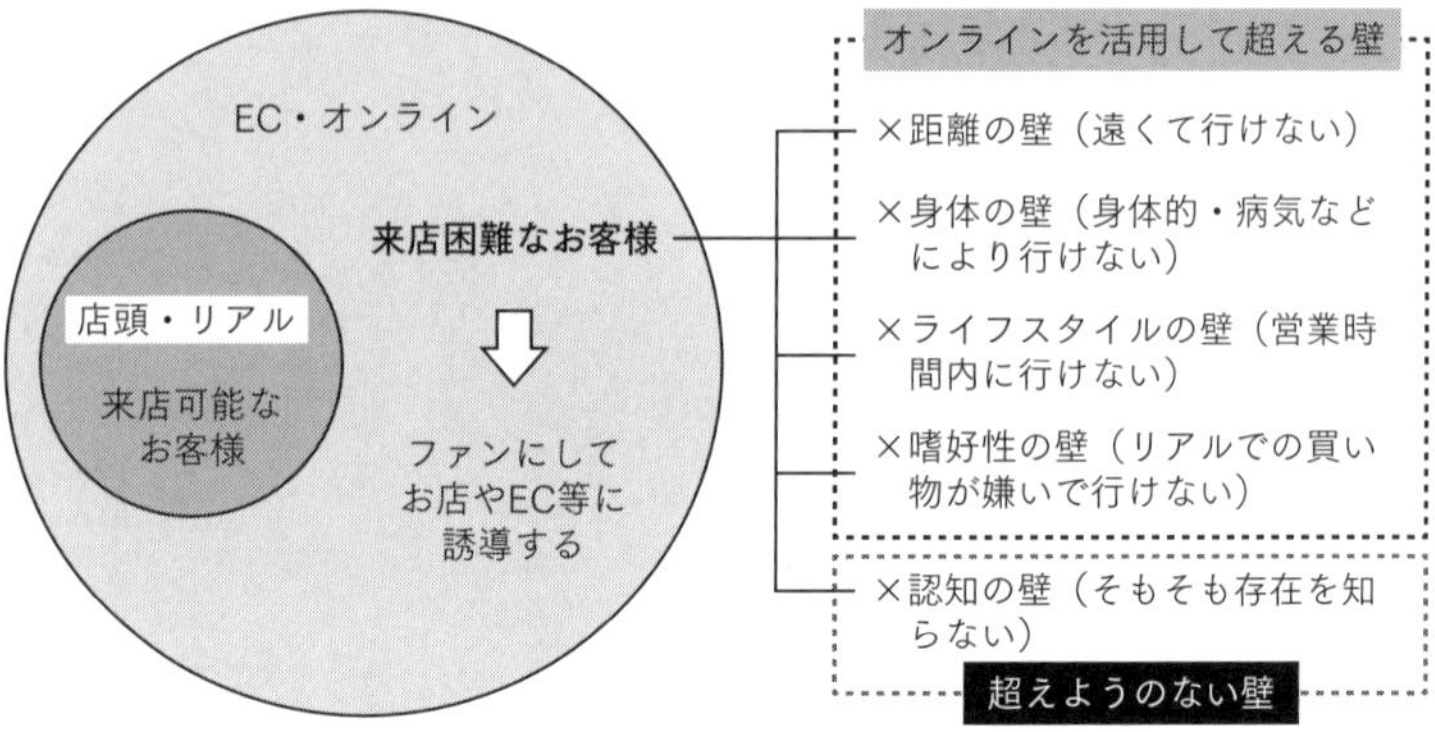

り、「距離の壁（遠くて行けない）」「身体の壁（病気等で行けない）」「ライフスタイルの壁（営業時間内に行けない）」「嗜好《しこう》性の壁（リアルな買い物が苦手）」などの理由があり、EC・オンラインを活用することである程度解決することができます。これも一種の「ターゲットの拡大」です。

また、お客様が店頭に来られないなら、書店側から出向けばよい、という考え方もあります。いわゆる、移動式本屋です。SHIBUYA PUBLISHING & BOOKSELLERS の店長を開店から四年間務め、その後移動式本屋「BOOK TRUCK」で独立された三田修平さんや、オンラインで古書の買取・販売などを行っているVALUE BOOKSが運営している「BOOKBUS」などがよく知られています。ただ、ターゲットを拡大するというよりは、特定の商圏を持たず自らお客様のもとへと出向いていくスタイルだと言えます。

最後に、私が勤めている梅田《うめだ》 蔦屋《つたや》書店の事例をご紹介します。梅田 蔦屋書店は二〇一五年のオープン時から、二十〜三十代のビジネスパーソンをターゲットに、ワークスタイルの提案を基軸とした売場づくりを行ってきました。実際、ビジネス書の売上は全国の蔦屋書店の中でもっとも大きく、ワークスタイルに関するトークイベントも年間約一五〇本開催するなど、「梅田 蔦屋書店といえばビジネス書の著者がイベントをする書店」という認知が広がっていました。

ですが、二十〜三十代のお客様の興味関心がすべて仕事に向いているわけではなく、仕事が休みの日は余暇を過ごしているわけですから、プライベートの時間の過ごし方を提案するジャンルも強化すべきではないかと考え、二〇二一年から「エンタメ（推し活）」の提案をスタートしました。具体的には、タレント、アイドル、声優、芸人、YouTuberなどの写真集や書籍を大きくコーナー展開し、本人稼働のイベントを定例化しました。

エンタメを強化するに至った理由は、梅田 蔦屋書店の顧客ＤＮＡ（顧客がどのような志向性を持つのか、さまざまな情報を統合したデータ）がSHIBUYA TSUTAYAやTSUTAYA EBISUBASHIの顧客ＤＮＡと酷似《こくじ》していたからです。故に、両店の強みでありコアジャンルであるエンタメは、梅田 蔦屋書店においても勝機があるのではないかと仮説を立てました。その結果、タレント写真集を中心としたエンタメ関連の

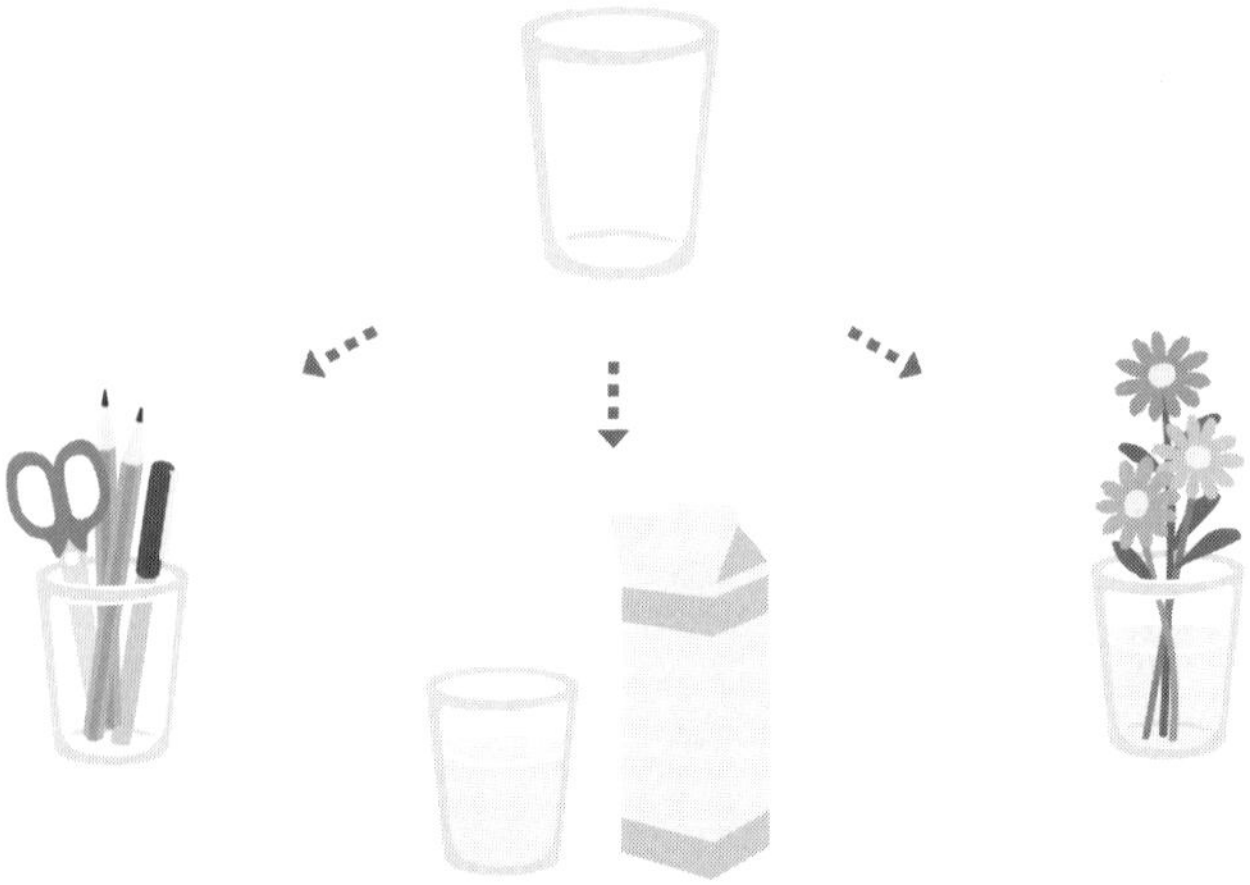

売上を、前年比二四四%まで伸ばすことができ、梅田 蔦屋書店の新たな強みをつくることができました。毎月開催しているタレント写真集のお渡し会には、毎回三〇〇~七〇〇名のお客様（主に十~三十代）がご来場され、その多くがはじめて梅田 蔦屋書店に来られた方々です。新たな強みを創り、ターゲットを拡大することで、新規顧客を着実に増やすことができています。

2．用途を拡大する

続いて、用途を拡大することで新規顧客を増やした事例をご紹介します。冬よりも夏に稼ぐスキー場、白馬《はくば》岩岳《いわたけ》マウンテンリゾートの事例です。このスキー場は、二〇一〇年以降安定して十二万人程度の来場者に恵まれていたものの、小雪の影響により二〇一六年には七万人台まで激減するという大ピンチを迎えました。また、スキーヤーの減少に伴い、国内スキー市場は一九九〇年代のピーク時と比べると、約三分の一程度にまでシュリンクしていました。今後、スキー、スノーボードのメイン客層である若者の人口がどんどん減っていくことを考えると、今後益々来場者数は減っていくと考えられていました。

そのような状況下で白馬岩岳マウンテンリゾートが取り組んだのは、「スキーをすること」以外にスキー場の用途を考え、夏場のグリーンシーズンに売上を稼ぐことでした。具体的にどのようなことをしたのか。隠れた資産を見つけ、その資産を徹底的に活用することで、スキー場の新たな価値を創出したのです。隠れた資産とは、「磨けばその会社や地域にとって宝物になるのに、何らかの理由で埋もれたままになっているもの」のことです。

白馬岩岳の隠れた資産の一つに「白馬岩岳の山頂から見える景色」がありました。そして、この景色を最大限活かし、顧客価値を生むための手段として、山頂エリアに展望台兼カフェ「HAKUBA MOUNTAIN HARBOR」をオープンしました。そして、開業からわずか一ヶ月で三万人の集客に成功。これまでのグリーンシーズンの年間来場者数は二万〜二万五千人程度だったので、わずか一ヶ月で来場者数が三万人を超えたのは驚くべきことです。

また、「十年近く運行されていない古いリフトの終点施設」という隠れた資産を見つけ、その場所に『アルプスの少女ハイジ』に出てくるブランコを彷彿《ほうふつ》とさせる、絶景に飛び出すブランコ「ヤッホー！スウィング」をつくりました。このブランコはSNSで話題になり、グリーンシーズンの半年間だけで二万五千人以上の来場者が利用し、混雑時には最大五時間待ちになるほどの人気施設になりました。

衰退する一方の白馬岩岳をわずか二年で「夏に稼ぐスキー場」に変えた、白馬岩岳マウンテンリゾート代表の和田寛《わだゆたか》さんの著書『スキー場は夏に儲けろ！』（東洋経済新報社）には、こういった「隠れた資産」は、どこの会社にも、どの地域にも眠っているものだ、と書かれています。知恵と工夫次第で、どの業界でも逆転ヒットを起こすことは可能なはずです。

本の業界に置き換えて考えると……

「用途を拡大する」とは、従来の用途とは異なる用途を提案することです。ここでは書店の用途と本の用途の二種類にわけて考えてみます。

まず、書店の用途についてです。従来の書店の用途は言うまでもなく「本を買う場所」ですが、これとは異なる用途を持つ書店がいくつかあります。二〇一八年に青山ブックセンター六本木店の跡地にオープンした「文喫」は、平日一、五〇〇円、休日二、三〇〇円（ともに税抜）の入場料を払って利用する「本と出会うための本屋」です。総合受付で入場料を支払うと入場バッジがもらえ、店内の席で自由に読書ができます。静かに読書ができる席、自由に会話ができる席がわかれており、用途に応じて使い分けが可能。珈琲《コーヒー》・煎茶《せんちゃ》はおかわり自由で飲むことができ、カフェラテやロイヤルミルクティーなど別途有料のドリンクも用意されています。店内にある約三万冊の本はすべて購入可能です。誰もが気軽に入店でき、無料で時間を過ごせるのが書店だという固定観念を捨て、新たな書店の可能性を追求している店舗です。

二〇一九年に吉祥寺《きちじょうじ》にオープンした「ブックマンション」は、棚の一部をお客様に貸す「棚貸し本屋・シェア型本屋」で、本棚は月ごとに三、八五〇円の利用料がかかります。出店者（棚主）が本の値付けをし、一冊売れるごとに一〇〇円をブックマンションに支払います。書店が読者に本を売るという従来の形式とは異なり、書店が「本棚をつくって他人に本をお薦めしたい人」に本棚を貸す、という新たなビジネスモデルです。このシェア型本屋はブックマンションの他にも、BOOKSHOP TRAVELLER（東京都世田谷区）、渋谷〇〇書店（東京都渋谷区）、PASSAGE by ALL REVIEWS（東京都千代田区）、みつばち古書部（大阪市阿倍野《あべの》区）など、全国にたくさん存在します。店を持つのは難しいが自分で本を売ってみたい、と思う方々がスモールスタートするのに適したシステムだと言えそうです。

「泊まれる本屋」をコンセプトとしたホステル「BOOK AND BED TOKYO」も、本屋は本を買う場所であるという概念を覆《くつがえ》し、本屋を泊まれる場所として提案しました。ホステル内には「SHIBUYA PUBLISHING & BOOKSELLERS」が選書した幅広いジャンルの本が約二、五〇〇冊並び、宿泊用のベッドスペースは本棚とカーテンで仕切られています。好きな本を読みながら眠りに落ちるという幸せな時間を過ごすことができ、本好きにとってはたまらない空間です。一方で、旅行客や感度の高い若い世代の利用も見込めるはずなので、本との新たな接点をつくれているのではないでしょうか。

次は本の用途についてです。本の用途はもちろん「読む」ことに他なりません。ですが、読むこと以外に使ってはいけないという決まりはありません。私が二〇一五年に企画した「文額」は、オシャレな装幀の文庫本（古書）を額装した商品で、部屋に飾るオブジェとして提案しました。文庫本がおさまる厚みのある木製の額を制作し、古書店で背取りした文庫本を額に入れた状態で販売。本を読書用として販売するという固定観念を捨て、部屋に飾るオブジェとして販売することで、普段本を読まない方に本を身近に感じてもらうことが目的でした。

第一章でも書きましたが、本を読まない人に本の面白さや本を読むことで得られるメリットを一方的に伝えたところで、興味を持ってもらえる可能性は低いです。親が子どもに「勉強しなさい」と強制することで、子どもが勉強から遠ざかってしまうの

と同じ理屈です。本を読みなさいと伝えるのではなく、オシャレなインテリア雑貨として本が部屋に置かれることが最初の一歩で、そこから本に興味を持ち始めたら儲けもの、くらいに軽く考えておけばよいのです。

3. アンバサダー（インフルエンサー）を活用する

次は、熱狂的なファンをアンバサダーにすることで、需要を促進する方法をご紹介します。企業側が熱狂的なファン（ブロガーやYouTuber）とともに商品開発をし、口コミでの需要喚起を体系的に支援する取り組みです。アンバサダーを活用している企業はいくつもありますが、中でもワークマンの取り組みは非常にユニークです。

ワークマンがアンバサダーマーケティングを始めたのは、自社の商品が意図せずヒットしたことがきっかけでした。『ワークマンは商品を変えずに売り方を変えただけでなぜ2倍売れたのか』（日経BP）によると、職人しか買わないだろうと思われていた防水性能の高いレインウェアがバイク乗りの人たちに支持されたり、溶接工が愛用していた火花が飛び散っても燃えにくいヤッケ（フード付きの上着）がキャンプ用品として売れたりする事例があり、売れている原因を探るといずれもブログやSNSでの情報発信に行き着いたそうです。そして、予想もしていなかったお客様が来てくれているのであれば、その人たちを集めて教えを請おう、と考えたわけです。

ワークマンのアンバサダーは、よくあるインフルエンサーマーケティングとは異なり、著名人を起用したり、フォロワー数を重視してアンバサダーを選んだりせず、ワークマンを心底愛してくれている人たちを、ワークマンの広報担当者が目視で見つけてスカウトしています。そして、アンバサダーとともに開発したコラボ商品は次々にヒットを重ね、中には三ヶ月で二万五千着販売したものもあります。

アンバサダーに報酬を支払うことはせず、ページビューやフォロワー数、動画の再生回数が伸びるように、新商品の情報を優先的に開示したり、ワークマンの公式ホームページやSNSなどに動画のリンクを貼るなど露出拡大に協力することで、ウィンウィンの関係を築いています。

また、ワークマンはPB商品の開発を軸に、「ワークマンプラス（WORKMAN

Plus)」という新業態の店舗をオープンし、作業服専門店からアウトドア・スポーツ・レインウェアの専門店へと転身することで、職人だけに利用される店舗から、一般客にも利用される店舗へと進化しました。つまり、作業服の用途を拡大し、新たなターゲットに価値訴求をしているのです。ワークマンの取り組みは、先述した「1．ターゲットを拡大する」「2．用途を拡大する」の事例としても、非常に参考になります。

4．付加価値を付ける

商品やサービスに付加価値を付けることで、新たな顧客を獲得するという方法もあります。ここで例にあげるのは銚子《ちょうし》電鉄です。

銚子電鉄は前身となる鉄道会社である二社がともに経営破綻《はたん》するなど苦難の歴史を歩んできました。一九五一年の全盛期には年間一七八万人の乗降客に利用されており黒字経営でしたが、一九六〇年頃から自動車産業の発展に伴い車の利用が徐々に一般化され、次第に乗降客数が減少していきます。バス会社や工務店の子会社として再起を図るも頓挫し、その後も「まずい」経営状態は続いていきます。

そんな銚子電鉄がとった戦略は「自虐ネタ」と「エンタメ列車」の二本柱でした。銚子電鉄はもともと、一九七〇年代から副業として食べ物の製造・販売をしており、中でもぬれ煎餅の製造・販売はメディアにも取り上げられ、大きな反響を得ました。そういった背景から、ぬれ煎餅に続くヒット商品をつくるべく企画・開発されたのが「まずい棒」でした（経営がまずい状況だから「まずい棒」という自虐的なネーミング）。二〇一八年に販売開始されたまずい棒は、Yahoo!のトップニュースにもなり、二日で一万五千本が完売するほどの大ヒットとなりました（その他にも、経営状況が痩せ細っているという意味合いの「ガリッガリ君」アイスや、倒産防止という意味合いの和風ケーキ「おとうさんのぼうし」等々、自虐ネタ商品で話題をつくってきました）。

一方、観光鉄道のイメージがある銚子電鉄ですが、実は終点まで観光地や絶景ポイントがまったくない平凡な路線で、わざわざ銚子まで乗りに来ていただくきっかけがない、という致命的な状況でした。その打開策としてとった戦略がエンタメ列車でした。今では夏の恒例イベントになっている「お化け屋敷電車」は、走る電車のなかで本格的なお化け屋敷が体験できる日本初の試みで、毎年キャンセル待ちが出るほどの人気です。

また、二〇一七年に開催された「銚子電鉄×DDT　電車プロレス」では、走行中の車内でプロレスの試合が行われました。停車する各駅からどんどん選手が追加参戦していくバトルロイヤル形式で、日本初どころか世界初の取り組みになりました。交通手段である電車に「エンタメ」という付加価値を付け加えることで新たな顧客を集める画期的な事例だと言えるでしょう。

本の業界に置き換えて考えると……

いわた書店（北海道砂川《すながわ》市）の店主が一万円分の本を選んでくれる「一万円選書」と呼ばれるサービスは、二〇一四年にテレビで紹介されて以降、広く知られるようになりました。それまでにも、小規模な独立系書店などが選書サービスを提供しているケースはありましたが、今では文喫（東京都港区）や草叢《くさむら》ＢＯＯＫＳ（愛知県名古屋市）をはじめ、選書サービスを提供する書店が増えており、付加価値づくりの事例だと言えそうです。

また、大阪市鶴見区にある街の本屋・正和堂《せいわどう》書店が、来店のきっかけづくりとして制作を始めたオリジナルブックカバーもまさに付加価値づくりの好事例です。アイスキャンディを模したカラフルなデザインのカバーに、アイスの棒を模した栞《しおり》がセット

■正和堂書店オリジナルカバーの一例

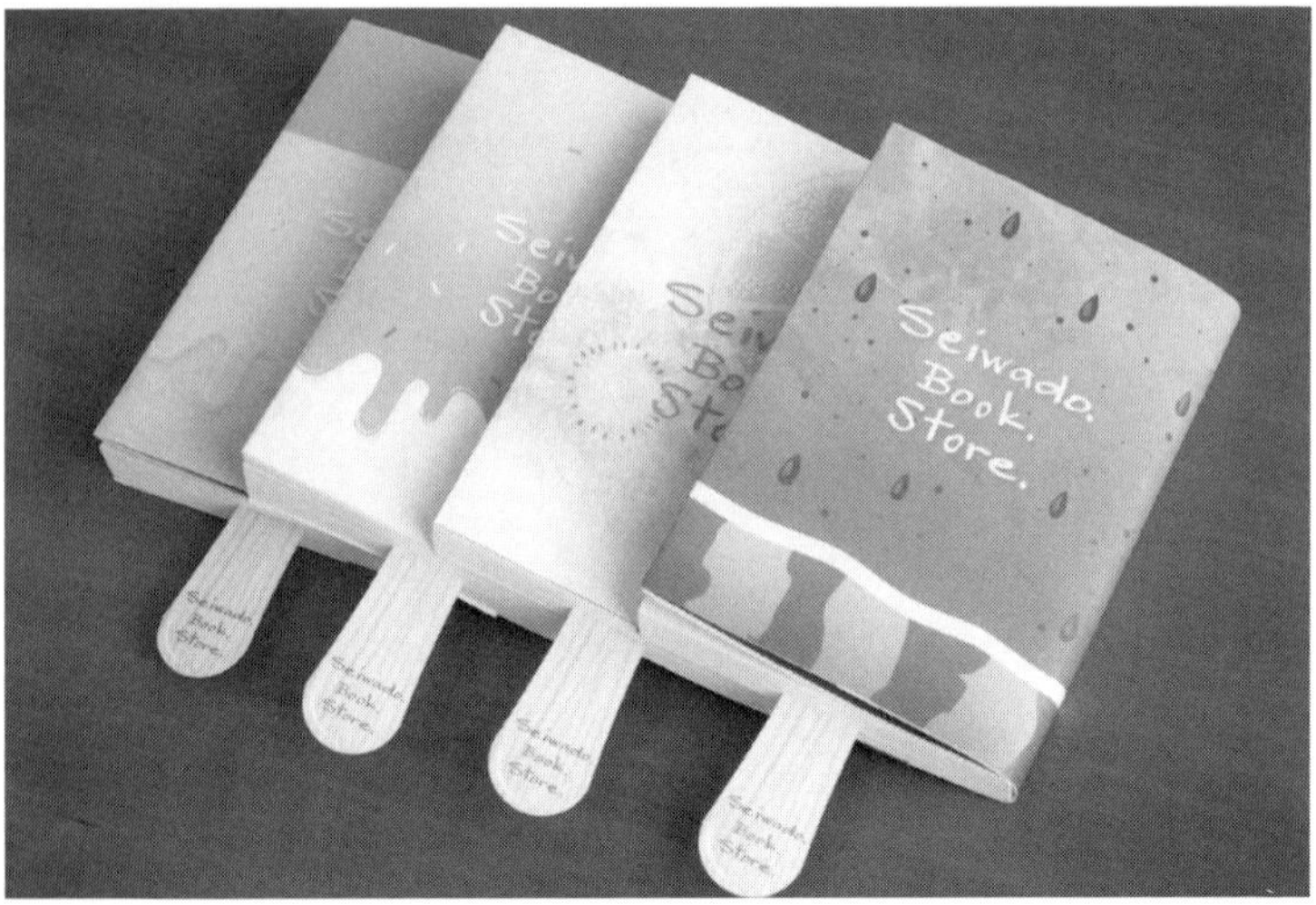

になった正和堂書店オリジナルカバーはＳＮＳで拡散されて話題になり、来店へのきっかけづくりになりました。この企画の素晴らしいところは、正和堂書店一店舗で完結させず、全国の書店に広がった点です。二〇二一年にクラウドファンディングを実施し、目標額を大きく上回る資金を集め、全国二五〇店舗以上の書店でアイスキャンディ形ブックカバーの取り扱いがスタートしました。

一つの書店から生まれたアイデアが波紋のように広がって話題になり、全国の書店に足を運ぶ人たちが増えることは何よりも喜ばしいことですし、まだまだアイデア次第で来店のきっかけづくりができるという明るい希望を与えてくれます。

5.ギフト需要を創出する

次に紹介するのはギフト需要の創出です。購入した人がその商品を使用するのではなく、購入した人がその商品を第三者にプレゼントし、その第三者が商品を使用するため、自家需要とは異なるニーズを生むことができます。事例として取り上げるのは、デザイン性の高い防災グッズを集めたカタログギフトを販売する「LIFEGIFT」（株式会社ＫＯＫＵＡ）です。

防災に関する商品は生活必需品ではないため、ビジネスとして難しい領域です。パナソニック株式会社が二〇二三年八月に実施した「防災に関する意識調査」によると、91・8％の方が「ここ数年多発している地震や大雨などの自然災害が不安」と回答した一方で、68・1％の方が「自宅の防災対策が不十分」と回答している通り、不安はあるけどわざわざ防災グッズを購入するには至らない、というのが現状のようです。そこに目を付け、わざわざ自分で購入しない防災グッズを大切な人へのギフトとして提案しているのがLIFEGIFTです。

LIFEGIFTのギフトカタログに掲載されている消火器、充電ライト、防災笛などの商品はいずれもスタイリッシュなデザインで、ギフトに適したものばかり。「あなたの無事が、いちばん大事」というLIFEGIFTのキャッチコピーの通り、引越し祝いや出産祝いなどのライフイベントに贈られるケースが多いようです。自分ではわざわざ買わないが贈られると嬉しく、他の方からのプレゼントともかぶりにくく、実用性も兼ね備えている、そんないくつもの利点を持つ企画だと言えます。

■ バースデイ文庫オリジナルカバー

本の業界に置き換えて考えると……

本を人に贈るには少し勇気がいります。本の内容が贈る相手に合っているかわからないし、どうしても押し付けがましくなってしまうからです。ならば、本の内容と関係なく誰にでも年に一度訪れる誕生日をテーマにギフト提案するのはどうかと考え、二〇一三年に私が企画したのが「バースデー文庫」というフェアです。

バースデー文庫は、一月一日から十二月三一日までの三六六日分の誕生日を調べ、その日に生まれた著名人の文庫をオリジナルカバーに巻いて販売する企画です。カバーの表面に誕生日とその日に生まれた著名人の名前を印字し、裏面にその著名人の略歴を記載。自分と同じ日に生まれた著名人が、どのようなことを考え、どのような生き方をし、どのような本を書き残したのか。気になる人は自分自身の誕生日の本を購入することもでき、大切な人へのプレゼントとしても活用できます。

この企画は大ヒットし、一ヶ月で二、五〇〇冊以上販売しました。印象的だったのは、リピーターが多かったことです。友人用の誕生日プレゼントとして購入された方が、また別の友人の誕生日プレゼントとしてお求めになるケースが多いようでした。本を自分用に購入する場合、よっぽどのことがない限り、同じ本は一生に一冊しか買いません。いくら村上春樹が好きだとはいえ、『風の歌を聴け』を五冊も六冊も買うことはないわけです。ですが、バースデー文庫の場合、何度もリピートして購入してもらえるケースが多く、新たな売上（需要）を創出できた実感がありました。誕生日という切り口以外にも、本をギフトとして提案する方法はいくらでもあるのではないかと思います。

6. 掛け算思考で新たな価値を生む

最後にご紹介するのは、あるものの新規顧客を増やすために、別のあるものと掛け算をして間口を広げるという方法です。私が勤めている蔦屋書店でも長らく販売をしている神戸マッチ株式会社の「hibi」というマッチ形のお香を事例として取り上げます。

明治初期に国内で製造を開始されたマッチは、当時こそ重要な輸出品の一つでした

が、安価な使い捨てライターの普及とともに生産量が急激に減っていきました。また、二〇一四年頃から火を使わない加熱式タバコが登場し、日常生活の中でマッチを使用する機会はさらに減りました。二〇二〇年時点でのマッチの生産量は、ピーク時である一九七〇年の約1%という厳しい状況です。

　そんな中、神戸マッチの代表取締役である嵯峨山《さがやま》真史《まさふみ》さんは、神戸マッチのコア技術である着火技術に立ち返り、新たなライフプロダクトを創り出そうとします。そして、淡路島でお香や線香をつくっている株式会社大発とタッグを組み、実に三年半もの開発期間を経て、「hibi 10MINUTES AROMA」を完成させせました。先端部はマッチの着火部分で、軸の部分がお香になっており、着火後は専用の不燃マットの上にお香を置くだけで約十分の至福の時間を味わえる逸品です。二〇一九年度のグッドデザイン特別賞（グッドフォーカス賞）を受賞し、今では販売拠点が国内三〇〇店舗、海外二八ヶ国まで広がるほどのヒット商品になりました。

マッチが衰退する中、マッチとお香を掛け算することで、見事に新たな需要を創出することに成功しました。火を付ける道具としての実用性に価値のあったマッチが、お香と掛け合わせることで新たなライフプロダクトへと進化したのです。「hibi」は自家需要もさることながらギフト需要もあり、プレゼントとして購入されることも多い商品です。先述した「2．用途を拡大する」「5．ギフト需要を創出する」の事例としても参考になります。

本の業界に置き換えて考えると……

本と何か（文具、雑貨、カフェなど）を掛け合わせた新業態の書店はこれまでにも多く存在しました。中でも、二〇一二年にNUMABOOKSと博報堂ケトルが共同経営する形でオープンした「本屋B&B」は、本とビールとイベントを掛け算した、これまでにないユニークな本屋です。NUMABOOKS代表の内沼晋太郎《うちぬましんたろう》さんの著書『これからの本屋読本』（NHK出版）では、飲食業、ギャラリー、イベント、教室、読書会、雑貨、家具、メディア、空間との掛け算について具体的な事例も踏まえて紹介されており、本と何かを掛け算することで得られる相乗効果について詳しく学ぶことができます。

また、内沼さんが主宰されている「これからの本屋講座」では、書店を開業したい方、本に関わる仕事がしたい方等を対象に、受講生がやりたい本屋のプランへの具体的なアドバイスやサポートをしており、卒業生の中には実際に本屋をオープンされた方も多くいます。中でも、うまく掛け算をすることで唯一無二の本屋を生み出した「Cat's Meow Books《キャツ ミャウ ブックス》」と「ページ薬局」の二店舗をご紹介します。

Cat's Meow Books（東京都・世田谷区）は、二〇一七年八月八日「世界猫の日」にオープンした元保護猫たちが店員を務める、猫と本とビールを掛け算した本屋です。取り扱う本（新刊・古書）にはどこかに必ず猫が登場します。そして、本、雑貨、ビール、イベントの合計売上（利益ではなく売上）から10％を保護団体へ寄付しています。猫と本とビールを愛する店主の安村正也さんは、「猫が働いて本屋を助け、本屋が猫を助ける相互の助け合い」だと言います。お店に来てくれたお客さんに猫たちの命を救うために活動している保護団体の存在を知ってもらえることで、これから猫を飼おうとする方がペットショップから購入するのではなく、保護団体から迎えるという選択肢をとるようになる可能性もあります。掛け算をすることで、これまでどこにも存在しなかった、独創的でユニークな本屋を開業した事例です。

続いてご紹介するページ薬局（大阪府・豊中《とよなか》市）は、二〇二〇年六月にオープンした調剤薬局と本屋が一つになったお店です。店内の本棚には約千冊の本が並び、児童

■Cat’s Meow Books店内

書、文芸書、ビジネス書、料理書、旅行書など、取り扱うジャンルは多岐にわたります。薬局と本屋を掛け算することで、普段本屋に足を運ばない方にも本との接点を創ることができているようです。開業の経緯やこれまでの取り組みについて、店主の瀬迫《せさこ》貴士《たかし》さんにお話を伺います。

薬局と本屋の掛け算から見えてきたこと

Interview
瀬迫貴士
（ページ薬局）

普段本屋に行かない人に薬局に本を置くことで〝偶然の出会い〟を提供する

――瀬迫さんは薬剤師としてお仕事をされているんですよね。

瀬迫　そうです。有限会社フレンドの経営を父から引き継ぎ、広島県と大阪府にある計四店舗の調剤薬局の運営をしています。

――ページ薬局がどんなお店なのか教えていただけますか？

瀬迫　ページ薬局は、本屋の機能を兼ね備えた調剤薬局です。二〇二〇年六月、大阪府豊中市にオープンしました。薬局の待合スペースに本棚を設置し、約千冊の新刊書籍を販売しています。外観は通常の調剤薬局とほぼ同じですが、店内に入ると右手の壁面に本棚が並び、手前から絵本や児童書、文芸書、実用書、料理本、地域の本などのコーナーが続きます。その他に、毎月テーマが替わるお薦めコーナーも用意しています。「普段本屋に行かない人に薬局に本を置くことで偶然の出会いを提供する」がページ薬局のコンセプトです。

――本屋と薬局の掛け合わせを初めて聞いたときは驚きました。瀬迫さんは書店での勤務経験があったのでしょうか？

瀬迫　学生時代のアルバイトも含めてまったくありません。ページ薬局の開業直前まで出版業界の知識も皆無。いわゆる「素人」でした。

――すると、どういった経緯で本屋と薬局を掛け合わせようと思ったんですか？

瀬迫　もともと学校の国語が苦手で、本格的に本を読み始めたのも二十代に入ってからでした。ある日、「世の中の流行や情報をキャッチするために週に一度本屋に通うこと」を推奨する本を読んで、そのときから現在に至るまで本屋へ足を運ぶことが習慣に。そうして本を手に取り始めると、新たなチャレンジに興味が湧いて、大学時代の後輩と「一ヶ月百冊読書」に取り組んだのです。文字通り、一ヶ月間に百冊の本を読破する試みです。すると、SNSを通じて様々な方がお薦めの本を教えてくれて、本を介したコミュニケーションの面白さを実感しました。振り返れば、その体験がページ薬局開業の大きなきっかけです。二〇一九年の春頃、自分が本当にやりたいことは何だろうと考えていたときに、当時の体験が思い出されて、仕事として本に携われないだろうかとぼんやりと思い始めたのです。

いっそのこと薬局内で本を売ろう！

――その後、まずは何から着手されましたか？

瀬迫　出版関係の本を読んだり、書店へ行って書店員の方のお話を伺ったりしました。「本屋をつくりたい」と言うと皆さん応援してくれました。振り返ると、そのとき教えて頂いたアドバイスやお薦めの本が今に活きていると感じます。一方で、口を揃えたように「本屋は儲からない」とも言われました。本を読んでいてもそういった内容がよく書かれていました。そのため、当初は自分で本屋をつくるというより、書店に足を運ぶきっかけづくりをお手伝いできないかと考えていました。

――いきなり開業は難しいだろうと。

瀬迫　はい。まずは、書店に足を運んでもらうアイデアを練《ね》って、近隣のチェーン書店に企画書を持ち込みました。けれど、反応は芳しくなく、最終的に企画は頓挫しました。

――そこから開業までに何があったのでしょう？

瀬迫　時間をかけて準備した企画だったため、次の一手をどうしようか悩んでいたときに、調剤薬局を新たに開局する話が持ち上がったんです。「いっそのこと、薬局内で本を売ろう！」と思い立ちました。

――そういう偶然が重なったんですね。

瀬迫　また、内沼晋太郎さんが主宰する「これからの本屋講座」を受講した時期も重なりました。出版業界の方や、本屋開業を検討する人が受講する講座内で「自分が本屋をするなら、どんな本屋にしたいか」を考える宿題が出されました。タイミングとしては開局の話が出る以前でしたが、もし自分が本屋をするなら薬局内に本を置きたいとアイデアを膨らませていました。

―― 内沼晋太郎さんの『これからの本屋読本』の中でも「本屋と掛け算する」ことについて書かれていましたね。

瀬迫　『これからの本屋読本』では、本屋を開業する人に向けて、規模を小さく営む「ダウンサイジング」や「掛け算」などが提案されています。実際に、内沼さんにページ薬局のアイデアを相談しました。そこで後押しをいただき、自分で本屋をつくる方向に舵《かじ》を切っていきました。

それが薬局業界とのギャップを感じた瞬間でした

―― 店内で本を扱うことに関して、薬局業界内の障壁はありましたか？

瀬迫　薬局の開業時は、基本的に保健所の管轄となり、開設許可が必要です。薬局に本屋の機能を持たせる前例がないため、事前のヒアリングではやはりその点に懸念を示されました。そこは店内の図面などを使って、丁寧に説明しながら進めました。「本はそんなに置かないので……」と（笑）。

――保健所から具体的な指示は受けたのでしょうか？

瀬迫　書籍の扱いに関して一部。薬局は医療機関に位置づけられるため、「これを食べたら癌《がん》が治る！」「こうすれば腰痛が治る！」といった真偽不明の医療本の扱いには気をつけてほしいと言われました。反社会勢力などを推奨する本についても同様です。他業界と本屋を掛け合わせる場合、その店舗をどこが管轄するかによって障壁が変わるはずです。

――本の仕入れはどうされていますか？

瀬迫　近隣の新刊書店を通じて仕入れさせてもらっています。当初は、子どもの文化普及協会とFoyer（ホワイエ）を仕入れ先として検討していたのですが、開業前にたまたまご縁をお繋ぎいただき、卸していただけるようになりました。

――本の仕入れに関して驚いたことはありましたか？

瀬迫　欲しい本がすべて手に入るわけではないことに驚きましたね。当時は注文すれば欲しい本が入荷すると思っていました。僕のような素人が本屋開業を考えるときは「本をどうやって仕入れるか」は非常に大事な観点だと思います。

――きっと他業界から見ると書店業界は不思議なことだらけでしょうね。

瀬迫　医薬品の仕入れは基本的に問屋を通じて何でも入ってきます。一方で、お客さんから注文を受けた本がなかなか入ってこないケースも。でも、近くの書店では溢《あふ》れるくらい展開されていたりして「これってなんなんやろう？」と。薬局業界とのギャップを感じた瞬間でした。だからこそ、新刊書店から卸してもらえるありがたみを今は理解しています。

返本せずにしっかりと売ること
その大切さも学びました

――他にどんなものが開業の後押しになりましたか？

瀬迫　返本の仕組みがあったおかげでハードルが下がりました。本を売りたいが、本の知識は豊富でない僕みたいな人にとっては、在庫リスクを減らせる点でありがたかったです。

――当然、薬は返せないですもんね。

瀬迫　返品できる薬もあるんですよ。

――そうなんですか！

瀬迫　箱が開いてなければ多くの場合は返せます。そのため、本屋の在庫のイメージは薬局業界と近いかもしれません。本屋の開業を先代の父に相談したとき、薬局業界と似た返本の仕組みが存在したおかげで納得してもらえた部分もあります。いざ開業して本を扱うようになってみると、「返本せずにしっかりと売ること」の大切さも学

■開店にかかった主な費用

内容	費用（税込）
書店開業支援コンサルティング料	176,000
内装工事費	6,820,000
BOOK什器代	171,800
BOOK什器の配送費、組み立て代	135,200
開業に際しての備品代	67,075
合計（円）	7,370,075

※このほかに、広告宣伝費、地代家賃、通信費の支出あり

びましたが。

――どのあたりに費用が掛かりましたか？

瀬迫　書店部分でいえば、内装と本棚の什器《じゅうき》です。他には、物件取得や広告媒体への掲載費用でしょうか。ちなみに什器代だけで三十万円強しました。

――什器代はかかりますよね。

瀬迫　思った以上で驚きました。

――閉店するお店から安く譲っていただける場合もあるのですが。

瀬迫　その方が現実的かもしれませんね。

――その他、開業時に大変だったポイントはなんでしょうか？

瀬迫　一番の心配事は「選書」でした。特に、絵本、料理本、地域の本などは、知識がなかったので。ありがたいことに、繋がりのあった現役の書店員の方がピックアップしてくださって。そのリストを参考にしながら初期在庫を選びました。

薬局との掛け算から生まれたコミュニケーションかもしれません

――ページ薬局での主な取り組みを教えてください。

瀬迫　オープン記念としてTwitter（現X）上で応募のあった百名の方に文庫本をプレゼントしました。ちょうどコロナウイルスが猛威を振るい始めた時期で、外出自粛期間を少しでも明るく過ごしてもらいたいと。オープン一周年記念では、オリジナル図書カードを作成。さらに二周年記念では、早見和真さんの『店長がバカすぎて』とコラボしたオリジナルお薬手帳をつくり、来店された方に無料でお配りしました。

――お薬手帳は薬局ならではですね！

瀬迫　一年近く経ちますが、今でも使ってくださる方もいます。また、早見さんをお招きしてトークイベントも行いました。本屋では頻繁《ひんぱん》に開催されていますが、薬局内のトークイベントは珍しいのかなと。

――珍しいというより前例がないのでは？（笑）

瀬迫　他にも、絵本専門士の方をお招きした絵本の読み聞かせ会を今年から定期開催しています。月に一度、土曜の午前中の営業終了後の店内で。これも新しい本と出合うきっかけになれば嬉しいです。

――そもそも、薬局にはどんな年代のお客さんが来店しますか？

瀬迫　ページ薬局は耳鼻科の病院に近いため、幅広い年齢層の方がいらっしゃいます。お子さん連れからご高齢の方まで。

――コンセプトの「偶然の出会い」が生まれていそうですが、ページ薬局ならではの提供価値は何だと思いますか？

瀬迫　本を購入してくださった方とのコミュニケーションでしょうか。書店で本を買うときは必ずしも店員さんとの会話が生まれるわけではないですが、薬局はお薬の説明などを通じて患者さんと会話が生まれやすい環境です。ページ薬局では、お客さんが購入した本をカルテに記録できるため、それを見ると、いつ、どんな本を購入したかわかります。そういった記録を起点にお客さんと会話が生まれるのは、薬局ならではかもしれません。

――それは面白いですね。

瀬迫　調剤薬局との掛け算だからこそ生まれたコミュニケーションかもしれません。

――売上以外の面で起こったプラスの出来事はありますか？

瀬迫　やはり地域の方に喜んでいただけますね。三十年以上前はページ薬局がある場所に本屋があったそうです。それをご存じの方は、懐かしい気持ちで喜んで話してくださいます。総じて、本屋ができたことを喜んでくださる方が多く、やってよかったなと。

――薬局業界でも話題になりましたか？

瀬迫　全国に六万一千店ある薬局では基本的に似たようなサービスが受けられますが、それが薬局業界の一つの強みであると同時に、店舗間の差別化の難しさも生んでいます。そのため、本が置いてある薬局は業界からも独自の取り組みとして注目していただけました。他にも、求人・採用面でプラスに繋がりました。本が好きな薬剤師の方が「ページ薬局で働きたい」と直接声をかけてくださるなど、採用する上でも他店舗との差別化になっています。

書店の日々の現場を回すこと
新規の読者層を広げること

――私自身、「今後、新刊書店が生き残るためにどんな施策が必要か」という質問を受けることが多いのですが、書店業界の外から来た瀬迫さんならどうお考えになるのか聞いてみたいです。

瀬迫　私が答えるのはおこがましいですが、まずは売上が最重要だと思います。ページ薬局は薬局売上が大半を占めており、書籍売上の直近の目標は月十万円です。開業当初は、本の売上は気にしなくてもよいと考えていましたが、いざ始めると「しっかり売りたい」という気持ちが強まりました。売上をつくるために、本を読む人だけでなく、普段は本を読まない人へも両軸でアプローチしていく必要があると感じています。

――間口を広げることは大事ですよね。

瀬迫 ただ、書店員の方のお話を聞くうちに、書店の日々の現場を回すことと新規の読者層を広げることを同時に対応するのは、現実的になかなか厳しいのではないかと感じます。

――私も同感です。新刊書店で働く人たちは、限られた時間の中で、大変な思いをしながら日々の仕事に向き合っています。新規顧客の裾野の拡大は、本を愛する人たちが自身の持ち場においてできることから始めればよいと思います。

瀬迫 「新刊書店が残るために」というご質問の通り、書店が減少していますよね。僕にとって新刊書店は「街を明るくしてくれる存在」です。その街の雰囲気づくりにも大きく寄与しているはずです。そんな本と出合う場が減っている現状をよいとは当然ながら思っていませんが、以前が飽和状態だったという意見も耳にしたことがあります。では、どのくらいの書店数が最適なのだろうと考えてしまいます。

――「書店」の数は大事ですが、「本屋」という「人」の数も大事な観点だと思います。ニュースでは書店数の減少だけがネガティブに伝えられますね。でも、そこだけに焦点を当てても「点」の議論になってしまうと私は感じています。

生活圏内で本と出合う場をどうしたらつくれるのか模索していきたい

――瀬迫さんは、本にはどんな力があるとお考えですか？

瀬迫　人生を変え、豊かにする力が本にはあると僕は思っています。その力をどう最大限活かすのか。そう考えると、本のある場所をつくることだけでなく、本を手に取ってもらう動線づくりも大事ではないでしょうか。もちろん、書店や出版業界の皆さんがすでに試行錯誤している部分ですが。

――ページ薬局でもすでに様々な取り組みをされていますね。

瀬迫　絵本の読み聞かせ会だけでなく、今後はビジネスマン向けの読書会なども試してみたいです。

――最後にお聞きしたいのですが、瀬迫さんの次なる目標は何ですか？

瀬迫　生活圏内に本と出合う場をつくる方法をいろいろと模索したいです。薬局との掛け算もその一つですが、薬局に限らず、もっと本との出合いの場をつくれないか。その視点を忘れずにこれからもいろいろとチャレンジしてみたいです。

瀬迫貴士（せさこ　たかし）
薬剤師、二代目経営者。毎週どこかの本屋に足を運ぶこと７年以上。2019年の「1ヶ月100冊読書」をきっかけに、書店員経験がない中、調剤薬局経営メインの薬局×本屋「ページ薬局」を2020年にオープン。リアル書店ならではの価値を伝えたいと日々奮闘している。

※本インタビューは、二〇二三年三月十一日に開催された「本屋サミット２０２３ in 大阪府立中之島図書館」のトークイベントの内容を収録したものです。

Column

〈本×〇〇〉こそが王道です

内沼晋太郎
（ブック・コーディネーター）

世界でいちばん品揃えのよい本屋はインターネットです。タイトルさえ検索できれば、世界中の本を買うことができます。そして本に限らず、あらゆる商品で概ね同じことが起こっています。部屋を出なくても、ものが買えるということですね。

それでも、店を構えて本を売りたい。ならばまずやることは、人が集まる場所をつくることです。本を並べるだけでは、本が好きな人しか来ません。ふだん本を読む習慣がない誰かに来てほしいとして、頭に思い浮かべるその人は、そこに何があれば来てくれるのか。ベッドに寝転んだまま何でも買えるこの時代に、わざわざ足を運ぶのはどこなのか。そういう場所をつくり、そこに本をしのばせておくのも、本屋の仕事だといえるでしょう。いわば〈本×〇〇〉型書店。人が本を手に取るまでの想像を膨らませて、手の込んだ戦略を立てるのです。

かつて自著に「一番身近な本屋は親」と書きました。子どもの目の前で、親がいかにも面白そうに、本を読んでいる。なにしてるの？　と興味を持ったその子に、いかにもその子が興味を持ちそうな本を手渡す。そのうちに子も、本を自ら手に取る習慣がつく。戦略通りか、無意識のうちかはさておき、本に携わる人をみな広義の本屋とすれば、親という本屋によって本好きになった子は多いと思います。

でも相手が大人だと、みな忙しいし、日々の生活に蓄積された別の習慣がしみ込んでいます。そこをこじ開ける戦略は、より緻密でなければならず、当たる確率も低くなるでしょう。でも基本は同じはずです。本屋には行かない人も、病気になったら医者には行くし、処方箋《しょほうせん》が出れば調剤薬局には行く。人が集まるその薬局に、ふだん本屋に行かないような人でもなるべく手に取りやすい本を、そっと置く。ふと隣を見ると、なんだか熱心に読んでいる人がいる。自分も読んでみようかな。それが〈本×薬局〉の戦略なのだと思います。

もしあなたがこれから本屋を開くなら、〈○○〉の部分にはあなたが職業として取り組んできた専門分野や、誰にも負けない偏愛的な趣味など、得意な何かを入れるのが良いと思います。調剤薬局を経営したことがない人がいきなり〈本×薬局〉をやるのは無謀そうですよね。残念ながら、本で利益を見込むのはかなりの難関です。よって〈○○〉は、人を集める手段であると同時に、利益の源泉でもなければなりません。アイデア勝負やマーケティング勝負だけでは心許ないので、せめて店主自身に、〈○○〉においては素人ではないといえる強みがあるとよさそうです。

もちろん〈本×カフェ〉や〈本×雑貨〉は相性が良いです。けれど、カフェや雑貨のプロが目をつけた結果、もはや珍しくなくなってしまいました。いまはカフェ部分だけでも戦えるくらいの魅力を持っていないと、なかなか難しくなっているといえるでしょう。もちろん、片手間でも付加価値にはなります。けれど付加価値だけでは人は集まらず、利益も知れています。部屋から出なくてよい人が、重い腰を上げる理由をつくるには、それなりに本質的な価値がほしいところです。

一方、〈○○〉に対して一定の強い偏愛がある人が〈本×○○〉の店主になると、同じく〈○○〉好きのお客さんが集まります。〈本×猫〉のお店があると知れば、猫好きならば一度は行ってみたいですよね。猫好きのメディアで紹介されたり、店主がハブとなって猫好きのコミュニティが生まれたりすることもあるでしょう。ある分野についての本が集積する場所には、それに関連する人や情報が集まりやすいので、〈本×○○〉の店や店主は、〈○○〉好きの人たちの間で何かになれる可能性を秘めています。分野にもよるとは思いますが、それが利益の源泉になることも十分にあるでしょう。

本のある場所を持続可能なものとして残す戦略としての、〈本×○○〉という工夫。考えてみれば、もはや書くことだけで食べている作家は少数派ですし、本づくり以外の収益源を持つ出版社もかなり多いです。当然、印刷屋も製本屋も、本以外のものも印刷して製本しています。本の仕事をなんとか続けたいと思う人たちによって、工夫して維持されているのがこの業界です。邪道と思われがちですが、もはや〈本×○○〉こそが王道なのかもしれません。

誰かが何年も何十年もかけて一字一句こだわって紡《つむ》いだ物語や知恵が、物体としてあらわれ、それが大量に並ぶ場所で偶然、思いもしない世界に出会う興奮には、やは

内沼晋太郎（うちぬま　しんたろう）
NUMABOOKS代表、ブック・コーディネーター。株式会社バリューブックス取締役、新刊書店「本屋Ｂ＆Ｂ」共同経営者、「日記屋　月日」店主として、本にかかわる様々な仕事に従事。また、東京・下北沢のまちづくり会社、株式会社散歩社の取締役もつとめる。

り代えがたいものがあります。インターネットの海に日々浸かっていると、マーケティングまみれの薄くて浅い情報に、自分の好奇心が盗まれていくようです。本屋に行って本を買うことは、盗まれた好奇心を自らの身体に取り戻すことだと思っています。だから私は、あの手この手で、本のある場所を残そうと必死です。同じ志を持つ仲間が、増えればうれしく思います。

第二節
プロレス業界のＶ字回復と本屋の未来

プロレス業界の成功から本屋の未来を考える

ここまで、異業種の事例をもとに新規顧客を創出するための方法を考えてきました。ＵＳＪやワークマンなど企業の取り組みを紹介してきましたが、ここではもう少し視野を広げて一つの「業界」について考察したいと思います。取り上げるのはプロレス業界です。

なぜプロレス業界？　本屋業界といっさい関係ないのでは？　と思われそうなので、まずはプロレス業界を考察する理由を先に説明します。

新規顧客の創出法として**「ターゲットを拡大する」「用途を拡大する」「アンバサダー（インフルエンサー）を活用する」「付加価値を付ける」「掛け算思考で新たな価値を生む」**等の方法があると先述しましたが、プロレス業界はそれらの方法をうまく使いながら新規顧客を創出してきました。そして、新規顧客を増やしていくことで低迷していた売上をＶ字回復させています。プロレス業界と本屋業界とでは異なる部分が多いとはいえ、新規顧客創出という観点では大いに参考になる部分があるのではないかと思い、この章で取り上げることにしました。

プロレス業界のトップシェアを誇る新日本プロレスの売上は一九九七年をピークに下降の一途を辿《たど》り、二〇〇五年には約十四億円（ピーク時の35％）にまで落ち込みました。奈落の底に転がり落ちた新日本プロレスは二〇一二年までの長期間、冬の時代を過ごすことになります。一方、おかれている環境や要因は違えど、出版業界の売上高も一九九六年をピークに右肩下がりとなり今に至ります。残念ながらプロレス業界のようにV字回復することはありませんでした。なぜプロレス業界は一気にV字回復することができたのでしょうか。本章ではプロレス業界の成功事例をもとに、本屋における新規顧客創出法について考えてみたいと思います。

本屋をめぐる脅威と本のコアな価値

まずは出版業界の売上高推移から見ていきましょう。一九九六年まで右肩上がりで伸びてきた売上が、一九九七年から緩やかに下降し始めます。一九九五年にWindows95が発売されパソコンの普及とともにインターネット時代が到来し、必要な情報にアクセスすることが容易になりました。二〇〇七年にはAppleからiPhoneが発売され、携帯電話そのものの概念が大きく変わるとともに、二〇〇六年にリリースされていたTwitterの利用が二〇〇八年頃からiPhoneの普及とともに広がりました。二〇一三年にはYouTuberの総合プロデュースを行う「UUUM」が設立され、二〇一四年にはYouTubeのCMキャンペーン「好きなことで、生きていく」が始まります。この頃からYouTuberビジネスが勃興し、二〇一七年には日本FP協会が実施する小学生を対象にした「将来なりたい職業」アンケートで、男子児童部門にはじめて「ユーチューバー」が六位にランクインします。そして、二〇一五年には「Netflix《ネットフリックス》」が日本に上陸し、Amazonが「Amazon Prime Video」を開始。この二〇一五年は日本における「VOD（ビデオオンデマンド）元年」と言われています（P176の表）。

さて、本（読書）には様々な機能があります。第一章の芹澤連さんへのインタビューで示した図をもう一度見てみましょう（P43の図）。情報収集、娯楽・趣味、暇つぶし、ストレス解消、現実逃避、学習・自己投資、新しい価値観の獲得、蒐集（モノとしての本の愛好）など様々な機能があり、もちろんこの他にもたくさんあります。

先述したインターネットとスマートフォンの普及により、まずは本の持つ「情報」としての機能が侵食され、結果として雑誌の売上が急激に落ち込んでいきました。そして、SNSやYouTube、さらにはNetflixやHulu《フールー》、Amazon Prime VideoなどのVODの普及によって娯楽が多様化したことで、本の持つ「娯楽」としての機能が侵食されました。手っ取り早く「情報」を得たいならスマホを使えばよいし、余暇やスキマ時間を埋めるための「娯楽」も世の中には溢れ返っている、というのが今の世の中です。ただ、かつて本で得られていたものが他の媒体に代替されるようになったことは、決して悲観するようなことではありません。それは消費者の合理的行動に基づく

■世の中の出来事と出版売上高

	売上高（億円）	社会・経済	携帯電話	ゲーム機	電子書籍	SNS	VOD
1995年	25,897	「Windows 95」発売 阪神・淡路大震災 地下鉄サリン事件					
1996年	26,564	「Yahoo! JAPAN」開始		「NINTENDO64」発売	「電子書店パピレス」登場		
1997年	26,374	「山一證券」自主廃業 「楽天市場」開設	「ショートメールサービス」開始		「青空文庫」登場		
1998年	25,415			「ドリームキャスト」発売	「T - Time」（ボイジャー）発売		
1999年	24,607	「2ちゃんねる」開設 「ADSL」登場	「インターネット接続サービス」開始		シャープ「ザウルス文庫」開始		
2000年	23,966		「カメラ付携帯電話」発売	「PlayStation 2」発売	「電子文庫パブリ」登場 「eBookJapan」登場 「楽天ブックス」設立		
2001年	23,250	米同時多発テロ	「写メールサービス」発売	「ニンテンドーゲームキューブ」発売	大日本印刷「ウェブの書斎」開始		
2002年	23,105						楽天・USEN「Show Time」開始
2003年	22,278	イラク戦争開戦			「Yahoo! コミック」開設		「Yahoo！動画」開始
2004年	22,428		「おサイフケータイ」登場		「GoogleBooks」登場	「mixi」登場 「GREE」登場 「Facebook」登場	
2005年	21,964	郵政民営化関連法案が成立		「Xbox 360」発売		「YouTube」登場 「Pixiv」登場 「ニコニコ動画」登場	USEN ブロードネットワークス「GYAO!」開設 「FOD」開始
2006年	21,525		「ワンセグ」開始	「PlayStation 3」発売 「Wii」発売		「モバゲータウン」登場 「Twitter」登場	
2007年	20,853		Appleが「iPhone」発売		Amazonが「Kindle」発売		「アクトビラ」サービス開始
2008年	20,177	リーマンショック	ソフトバンクモバイルが日本で「iPhone」発売				「NHK オンデマンド」開始
2009年	19,356						ドコモ「dTV」開始
2010年	18,748		「ドコモスマートフォン」発売		日本「電子書籍元年」 Appleが「iPad」発売 Appleが「iBooks」開始 大日本印刷が「honto」開始	「Pinterest」登場 「TwitCasting」登場	
2011年	18,042	東日本大震災				「LINE」登場 「Snapchat」登場	「Hulu」日本上陸
2012年	17,398		携帯電話の4G化	「Wii U」発売	楽天が「Kobo社」買収 「Kindle」が日本上陸 「Google Play ブックス」サービス開始	「Instagram」登場	KDDI・テレビ朝日「TELASA」開始
2013年	16,823			「PlayStation 4」発売	「LINE マンガ」登場	「Showroom」登場 「MIXCHANNE」登場	
2014年	17,208				NTT ドコモが「dマガジン」開始 Amazonが「Kindle Unlimited」開始	「note」登場	
2015年	16,722					「17Live」登場 「LINE LIVE」登場	日本「VOD元年」 「Netflix」日本上陸 「Amazon Prime Video」開始 「TVer」開始
2016年	16,618				マンガアプリ「ピッコマ」登場 「Kindle Unlimited」日本版開始	「TikTok」登場 「Liveme」登場 「Spoon」登場 「Voicy」登場	サイバーエージェント・テレビ朝日「AbemaTV」開始 「DAZN」日本上陸
2017年	15,915		「iPhoneX」発売	「Nintendo Switch」発売		「Pococha」登場	
2018年	15,400						
2019年	15,432						
2020年	16,168	新型コロナウイルス感染症	携帯電話の5G化	「PlayStation 5」発売		「Clubhouse」登場 「stand.fm」登場	
2021年	16,742						
2022年	16,305						

時代の進化に伴うもので、そのことが本のコアな価値（機能）を脅かしはしないからです。

では、本のコアな価値とは何か。その価値を一言で説明することは難しいですが、あえて言葉にするとすれば、**「本はいつ起動するかわからない時限爆弾のようなもの」**で、いつ効力を発揮するのかわからない上に、効力を発揮しないまま終わることもある一方で、予期せぬタイミングで効き目が出てくることもあったりと、誰もコントロールできない不確実性やじわじわと効力を発揮する遅効性を持ちます。この遅効性こそ、本というプロダクトの独自性であり価値です。この価値について選書家でブックディレクターの幅允孝《はばよしたか》さんは『本の声を聴け　ブックディレクター幅允孝の仕事』（文藝春秋）のなかでこのように記しています。

「本は、あとからじわじわ効いてくる。この本を読んだら五キロ痩せますとか、効果がすぐに現れることが、人々の生活のプライオリティーになっているところがありますが、本は即効性ではなく、明らかに遅効性の道具なんです。たとえば、失恋をして悲しいときに、本を読んだって、その恋が急に成就し直すことは残念ながらありません。けれど、本のいいところは、そのもやもやした気持ちに言葉が与えられたり、物語の感情と自身の感情を相対化することができたりするところ。自分の心の置き場所が見つかってホッとするんです。さまざまな本を読み、さまざまな感情を通り過ぎることで救われる、というと多分言い過ぎだけど、耐えられた経験は何度もあります。そんなとき、ほんとうに本を読んでいてよかったなと思いますね」

もちろん本だけが遅効性を持つわけではありません。映画にだって、演劇にだって、絵画にだって遅効性はあるでしょう。また、遅効性だけが本のコアな価値ではないでしょうし、すべての本が遅効性を持つわけでもありません。ただ、「一冊の本が私の人生を変えた」というようなわかりやすさとは異なる、時間をかけて作用する効力が必ずあります。そして、その効力に当の本人が無自覚だったりもするのです。その効力は、本をツールや娯楽として「消費」するだけでは得ることができず、一人の人間と対峙したり深く関わったりするように「向かい合う」ことで、自然と自分の内側に取り込まれていくものだと思います。栄養価の高い食事がその人の肉体をつくっているのに、当の本人は血や肉になっている実感がないのと同じようなことです。私たちは日々、選択を迫られます。AかBの選択肢があり、自らの意思でAを選ぶ時、その意思決定に十年前に読んだ本が無意識下で影響を与えている、なんてことがあるはずです。読んだ本が血や肉になるというのはそういうことです。

しかし、このような本の価値や魅力を未顧客（とりわけ若い世代の本を読まない人たち）に伝えていくことは非常に難易度の高い仕事だと私は思います。なぜなら、若い世代の可処分時間を世の中に溢れかえる様々な娯楽が奪い合っているからです。TikTokが台頭し、YouTubeではショート動画や切り抜き動画がもてはやされ、おまけに本の要約サイト「flier」が登場したり、映画を編集して短時間に要約した「ファスト映画」が社会問題になったりもしています。結末を知ってからコンテンツを見る「ネタバレ消費」が存在していることからもわかるように、とにかく効率を重視し、一分一秒を惜しんで合理的に娯楽を消費する若い世代は少なくないはずです。そういう人たちにとっては、ゆっくり楽しんだり、無駄を楽しんだりするという考え方は馴《な》染《じ》まないようにも思います。本のコアな価値である遅効性は、「消費」という言葉の対局に存在するわけですから、**若い世代の可処分時間の争奪戦に読書が食い込むことは、そうそう簡単なことではない**と考えるのが自然です。

少しまわり道をしましたが、ここまで出版業界の売上高推移と、売上が落ち込んでいる要因を整理しました。次はプロレス業界の歴史を見ていきましょう。

何をやっても裏目。新日本プロレスの暗黒時代

プロレス業界のこれまでの流れを整理する上でまず見ておかなければならないの

は、業界のトップシェアを占める新日本プロレスの動向です。先述の通り、新日本プロレスは二〇〇〇年頃から二〇一〇年頃にかけて大きく売上が落ち込み低迷期を迎えました。この暗黒時代を迎えるまでの最高売上高は一九九六年の四十億円でした。東京ドームで行われた新日本プロレス対UWFインターナショナルの全面対抗戦で、武藤敬司《むとうけいじ》が高田延彦《たかだのぶひこ》に勝利をおさめた伝説的な試合が一九九五年十月。そして、アメリカのプロレス団体・WCWで誕生したヒール軍団「nWo」が、日本で空前のブームを巻き起こしたのが一九九七年。この前後が新日本プロレスの最盛期でした。しかし、一九九七年にはすでにプロレス没落へのカウントダウンが始まります。そのきっかけとなったのは総合格闘技イベント「PRIDE」の誕生です。一九九七年十月に第一回大会が開催され、著名な日本人レスラーである高田延彦が、ヒクソン・グレイシーに為《な》す術《すべ》もなく一本負け。このPRIDEの誕生が日本における総合格闘技ブームの火付け役となり、アメリカのUFCに匹敵するほどの興行に成長していきます。そして、端的にいうと、この総合格闘技ブームがプロレスから顧客を奪っていきました。その他にも様々な要因が重なって「プロレス離れ」が進んでいったわけですが、主な要因として次の二点があげられます。

①PRIDEを中心とした総合格闘技ブームの到来

②アントニオ猪木の総合格闘技への傾倒により、新日本プロレスから主力選手が大量離脱

新日本プロレスの創設者であるアントニオ猪木は、プロレスこそ最強の格闘技であり、新日本のプロレスこそKING of SPORTSだというイデオロギーのもと、「ストロングスタイル」を提唱しました。今でこそ、プロレスはエンターテインメントであり、ショーであるという認識が徐々に広まってきましたが、当時はプロレスこそ最強の格闘技であると信じるプロレスファンが多くいました。そんな中、プロレスラーが総合格闘技に参戦して次々に敗戦。新日本プロレスの創設者である猪木は新たな格闘技イベント「イノキボンバイエ」をプロデュースするなど、総合格闘技路線に傾倒。総合格闘技ではなくプロレスがしたいと願う主力レスラーたちが次々に新日本プロレスを退団。このような状況下ではプロレス人気が下火になっていくのも当然です。

加えて、当時のプロレス団体はカリスマ的存在であるプロレスラー自身が団体のオーナーを務める個人商店で、企業の体を成していませんでした。また、この頃の新日本プロレスはオーナーである猪木が現場に介入し、大会直前でのカード変更などが日常的に行われていました。

顧客視点を欠いた興行を繰り返し、客足が遠のいていったこの頃、私自身もほとん

どプロレスを観ることがなくなりました。「格闘技が観たいのではなく、プロレスが観たいんだよな……」というのが本音でした。総合格闘技の興盛とともにドン底に突き落とされたプロレスでしたが、ここから奇跡の復活を果たします。

新日本プロレスはいかに奇跡の復活を成し遂げたか

棚橋弘至《たなはしひろし》がプロレス大賞で最優秀選手賞（ＭＶＰ）を初受賞した二〇〇九年。遅咲きの苦労人・真壁刀義《まかべとうぎ》がＩＷＧＰヘビー級王座を初戴冠《たいかん》した二〇一〇年。この頃の新日本プロレスはまだ低空飛行を続けていましたが、少しずつ会場に熱気が戻り始めていました。そして、潮目が変わったのは二〇一一年二月の仙台サンプラザホール大会（三、二〇〇人の超満員札止め）。この日のメインイベントは棚橋弘至と小島聡のＩＷＧＰヘビー級のタイトル戦でした。第一試合からメインイベントまで、会場はとてつもない盛り上がりで、タイトルマッチに勝利した棚橋は「仙台のこの景色を、この日を、生涯忘れません」とマイクで叫び涙を流しました。もちろん試合に勝ったことが嬉しくて泣いたわけではありません。これまで五〇〇～六〇〇人のキャパの会場でから空席が目立っていた仙台大会を、自らの足で地道にプロモーション活動を続けて三、二〇〇人の超満員にし、会場を熱狂させることができたからです。この日のことを外道（新日本プロレス）はこのように記しています。

あれは二〇一一年の二月二十日の仙台（仙台サンプラザホール）で行われた棚橋と小島聡のＩＷＧＰヘビー級のタイトルマッチだったな。会場が凄い感動に包まれちゃったんだよ。それを会場の片隅から眺めていて「棚橋は単なるスターではなく、もう本物のスーパースターになったな」と確信を持ったよ。観客席で、小さな女の子が棚橋と同じコスチュームを着て応援していたんだよ。昔の殺伐としたプロレス会場とは大違いだけど、その光景を見て「ああ、棚橋は新しいファミリーエンターテインメントの、本当のスーパースターになったんだな」と、不覚にも感動してしまった。

『To Be The 外道〝レヴェルが違う！〟生き残り術』（ベースボール・マガジン社）

その翌年、ゲームソフトやカードゲームなどの制作・販売を手掛ける株式会社ブシロードが、新日本プロレスを子会社化し、怒濤《どとう》の快進撃が始まります。新日本プロレスがＶ字回復を遂げることができた要因は次の通りです。

①これまでレスラーがオーナーを務めていたプロレス団体が企業化
②メディア戦略による新規顧客の創出

③ＰＲＩＤＥの消滅による総合格闘技ブームの終焉《しゅうえん》
④新たなスター　オカダ・カズチカの登場

私がここにあらためて記すまでもなく、アントニオ猪木は不世出の天才プロレスラーです。ですが、天才経営者ではありませんでした。多くのメジャーなスポーツ団体がそうであるように、選手は試合に専念し、経営者は経営に専念することで、長くレスラーがオーナーを務める風習にあったプロレス団体が企業化していきます。**プロレスという魅力的なコンテンツを、プロレスの外側にいる人間が売っていった**わけです。

具体例をあげると、ブシロードはレスラーの商標権を活用し、ゲームやグッズなどで二次的収入を増やしていきました。また、新日本プロレスが保有する試合映像の権利を活用し、動画配信サービス「新日本プロレスワールド」を開設（月額料金九九九円で過去の試合を見ることができ、これから開催されるビッグマッチも生放送で楽しめる）。これらの取り組みは、世界一のプロレス興行団体であるアメリカのＷＷＥがすでに実践していることでしたが、ブシロードの資本の支えがなければ新日本プロレスで実現することはできなかったはずです。

そして、**潤沢《じゅんたく》な資金を活用した大々的なメディア戦略に乗り出し、「プロレスが流《は**

行《や》っている」というイメージを植え付けていきました。雑誌の広告ページや、ラジオ・テレビでのプロレス番組放映によって、旧来のプロレスファンに情報発信をしていくとともに、年に一度のビッグイベントである「G1クライマックス」の開催直前に大がかりな交通広告を打ったり、年始の恒例イベントである一月四日の東京ドーム大会の宣伝CMをテレビ地上波で大量にオンエアするなどし、普段プロレスを観ない層にも広くアプローチしていくことで、新規顧客を増やすことに成功しました。

また、二〇一三年には「アメトーーク！」で「今、プロレスが熱い芸人」という特集が組まれたり、「大改造!!　劇的ビフォーアフター」で新日本プロレスの選手寮が取り上げられたことで、加速度的に世間のプロレス熱が高まっていきます。二〇一七年頃にはプロレス好きの女性を指す「プ女子」という言葉が流行語になるなど、より一層プロレス顧客の多様化が進んでいきます。

第一章で、業界を繁栄させていくためには、未顧客を顧客化していくことが重要であると述べました。なぜ新規顧客の創出が重要なのか。このプロレスのV字回復の事例からおわかりいただけるのではないかと思います。小さな市場であればニッチに攻める方法もあるでしょうが、ある程度の規模がある市場であればマニアだけに消費されるコンテンツだと大きく成長していくことは困難です。二〇〇一年にプロレス業界をざわつかせたミスター高橋（元新日本プロレスのレフェリー）の暴露本『流血の魔術最強の演技――すべてのプロレスはショーである』（講談社＋α文庫）の冒頭にはこのような言葉が書かれています。

今という時代の空気を吸い込み、ファンが望んでいるプロレスを再構築しなくてはならない。私がいうファンとは「マニア」ではなく「世間」だ。

また、先ほど取り上げた棚橋弘至の『棚橋弘至はなぜ新日本プロレスを変えることができたのか』（飛鳥新社）では、ブシロードを創業した社長であり、二〇一二年に新日本プロレスの取締役会長に就任した木谷高明《きだにたかあき》の発言を引用する形でより踏み込んだ記述がされています。

僕がずっと考えて、実践してきた通りのことを木谷さんも言っていた。「プロレスを見たことのない人を取り込んでいかなければいけない」と。新規ユーザー、ライトユーザーの入れ替わりこそが業界を維持・発展させていく。「マニアは業界をつぶすよ」とも。

また、メジャーなプロレス団体である新日本プロレスが新規顧客の開拓を進める一方、インディー団体はそれよりも前から、従来のプロレスファンとは異なる客層を取り込むべく、メジャー団体と差別化を図りながら団体運営を行ってきました。まだプロレス業界が暗黒時代の真っ只中にあった二〇〇九年に両国国技館に初進出するなど、一気に勢力を拡大したＤＤＴプロレスリングの高木三四郎は、著書『俺たち文化系プロレスＤＤＴ』（太田出版）の中でこのように記しています。

俺はプロレスを、マニアだけのものではなく、広く一般の人々に開かれた表現ジャンルとして、もう一度再興させたいと考えているんだ。

引用した三者の言葉からは、いずれも新規顧客を取り込んでいかなければ、プロレス業界の発展はありえないという危機意識が感じられます。プロレス業界と書店業界とでは市場規模が異なりますし、おかれている状況が異なる部分もありますが、「普段本を読まない人たちに、本や本屋の魅力を伝えたい」という私の考えと根本的には同じではないかと思います。

ここまではメジャー団体である新日本プロレスのＶ字回復の経緯について記しました。一方、プロレス人気が下火になっていた中で、徐々に勢力を拡大したインディー団体で、今では業界二位・三位にまで躍進しているＤＤＴプロレスリング（サイバーファイトグループ）とDRAGON GATE《ドラゴンゲート》の二団体についても少し整理してみましょう。

女性ファン獲得によるDRAGON GATEの躍進

まずはDRAGON GATEについて。アメリカやメキシコなどでも活躍した世界的に著名なプロレスラーであるウルティモ・ドラゴンが立ち上げた「闘龍門ＪＡＰＡＮ」を前身としたプロレス団体で、神戸を拠点にしながら毎月全国巡業をしており、興行数ではメジャー団体の新日本プロレスに匹敵します。メキシコのルチャリブレをベースにしたスピード感のある攻防が特徴的です。

レスラーの多くがユニットに所属しており、ユニット同士の抗争を基軸にしたアングル（ストーリー展開）が組まれます。また、レスラーの大半が六〇キロから八〇キロ程度の体重で、身長も一六〇センチから一七〇センチ台と小柄。ルックスの優れたイケメンレスラーが多く、会場に足を運ぶファンも大半が女性です。アイドルのコンサートのように、推しのユニットや推しの選手のグッズを掲げて黄色い声援をおくるファンが多く、従来のプロレス会場の雰囲気とは一線を画しています。

先述の通り、従来のプロレスマニアだけでなく、これまでプロレスを観たことがなかった女性ファンを新たに獲得したことで、新日本プロレスはＶ字回復を果たすことができましたが、それよりもずっと前からDRAGON GATEは女性ファンをしっかりと惹きつけていました。

諸井克英《もろいかつひで》著『表象されるプロレスのかたち　多様化する眼前のエンターテインメント』（ナカニシヤ）でも言及されていますが、新日本プロレスは二〇一三年から二〇一八年にかけて、飯伏幸太（元ＤＤＴ）、ＳＡＮＡＤＡ（元WRESTLE-1）、石森太二（元プロレスリング・ノア）、鷹木信悟（元DRAGON GATE）らルックスと実力を兼ね備えた猛者を次々に引き抜きましたが、その根底にはDRAGON GATEの女性人気があるのではないかと考えられます。これら、外様《とざま》の選手だけではなく、新日本プロレスの生え抜き選手であるオカダ・カズチカ、内藤哲也、棚橋弘至らも女性ファンを惹きつけるルックスと華麗な技を駆使しており、ひと昔前のプロレス全盛期の頃のレスラーとは、ビジュアルやファイトスタイルが大きく異なります。このことは、DRAGON GATEが従来のプロレスファンとは異なる市場を攻め、女性ファンや子どものファンを増やしていくことで勢力を拡大したことと無関係ではないはずです。

普段プロレスを観ない客層を取り込んだＤＤＴ

そして、ＤＤＴプロレスリングについて。ＤＤＴは一九九七年に高木三四郎が立ち上げた団体です。高木は学生時代からイベントサークルを結成したり、イベントを主催したりしており、当時から二千人～三千人を集客するイベント屋として、その界隈では名の知れた存在でした。ただし、プロレス経験はなく、DDTの初期メンバーであるNOSAWA、MIKAMIも含め、メジャー団体でレスラー経験のないメンバーのみで旗揚げされたプロレス団体でした（今でこそプロレス経験のないメンバーのみでローカルプロレス団体が旗揚げされるケースは増えていますが、当時はそのような団体が一つもありませんでした）。旗揚げ当初は、メジャー団体のファンから「おまえらがいるからプロレス界のレベルが下がるんだ」と誹謗中傷《ひぼうちゅうしょう》を受けたり、同業者からも「おまえらがいるとプロレスがバカにされる」と非難されることがあったそうです。

そんな弱小団体DDTがとった戦略は、エンターテインメント路線でした。当時、アメリカではWWF（現WWE）がWCWと同じ曜日、同じ時間帯で視聴率戦争（通称・マンデーナイトウォーズ）を繰り広げていました。WWFは主力選手であるスコット・ホールやケビン・ナッシュをWCWに引き抜かれ、視聴率戦争では八十三週連続の惨敗。次々に主力選手を引き抜かれていったWWFのオーナーであるビンス・マクマホンは、「オーナーである自分自身は絶対に引き抜かれない」という状況を逆手に取り、自分自身をリング上のストーリーラインの主要人物に仕立て上げ、「悪のオーナー」というキャラを演じ、ストーン・コールド・スティーブ・オースチンと抗争を繰り広げます。この「悪のオーナー」対「労働者階級のヒーロー（オースチン）」という構図が当時のアメリカで大ヒットし、WWFが視聴率戦争で大逆転を果たします。

細かなところまで作り込まれたシナリオと、リング上だけではなく控え室やバックステージなどでの過激な演出も大ウケし、このＷＷＦの人気は日本でも少しずつ広まっていきます。そして、このショーアップされたプロレスのあり方に目を付けたのが高木三四郎でした。

ただ、日本ではじめてエンターテインメント路線を目指したのはＤＤＴではありませんでした。冬《ふゆ》木《き》弘道《こうどう》率いるＦＭＷです。一九九八年、ＦＭＷは日本に上陸したディレクＴＶと契約をし、潤沢な資金をもとにショー要素の強いエンターテインメント路線をスタートします。当時の二大メジャー団体である新日本プロレスの「ストロングスタイル」、全日本プロレスの「王道プロレス」と同じことをしていては勝ち目がないと考えた冬木は、「これからの時代はエンターテインメントプロレスショーの時代だ」と事あるごとに口にし、本場ＷＷＦの要素を取り入れていきますが、ディレクＴＶがわずか二年で日本から撤退したこともあり、最後はＦＭＷが倒産するという最悪な結末を迎えました。新日本プロレスがストロングスタイルを捨て、エンターテインメントの要素を絶妙に取り入れながらＶ字回復したことを考えると、冬木には先見の明があったと言えるかもしれません。ですが、悪のコミッショナーという設定や、ディーヴァ（女性マネージャー）をレスラー同士が取り合う等、アメリカのエンターテインメントプロレスがすでにやってきたことをそのまま持ち込み、日本のファンが受け入れやすい工夫がなされなかったために、大きな反響を得ることなく失敗してしまったのではないかと私は考えています。そして、このエンターテインメントプロレスを日本で見事に成功させたのが高木三四郎率いるＤＤＴでした。ＤＤＴが勢力を拡大することができた要因は次の通りです。

①エンターテインメント路線でメジャー団体と差別化
②固定観念にとらわれない斬新なアイデア
③普段プロレスを観ない客層をうまく取り込んだ
④徹底されたキャラクタービジネス

ＤＤＴはエンターテインメント路線でメジャー団体と差別化を図っていきましたが、そうしたくてそうしたというよりは、そうせざるを得なかったのだと考えられます。当時のＤＤＴはメジャー団体でプロレス経験のあるレスラーはいませんでしたし、潤沢な資金もありませんでした。使えるのは文化系の発想、つまりアイデアだけです。プロレス村の中で育ってきたわけではなく、イベント畑の出身で人を集めることに長《た》けていた高木は、プロレス界の常識や固定観念にとらわれることなく、斬新なアイデアでこれまで誰もやったことがないことにチャレンジしてきました。

ビアガーデンプロレス、本屋プロレスに端を発した路上プロレス、日本初のオールナイト興行、「マッスル」「ユニオンプロレス」のブランド分け戦略、後楽園ホールでの料金払い戻しシステム、後楽園ホールでの全席二千円興行、東京ドームでの「ノーピープル路上プロレス」、大田区総合体育館での全席無料興行等々、枚挙にいとまがありません。常人では考えも及ばないアイデアを出し続け、常に顧客を喜ばせることを考え続けてきました。

そして、私が何よりもすごいと思うのは、従来のプロレスマニアではなく、普段プロレスを観ない客層をうまく取り込んだ点です。旗揚げ当初から、渋谷の「club ATOM」を常打ち会場にしていたことからもわかるように、都会のど真ん中で興行を打つことで、感度の高い若い客層を取り込んでいきました。先述したDRAGON GATEも、闘龍門JAPANの時代から三宮《さんのみや》のライブハウス「チキンジョージ」を常打ち会場に据えており、**いわゆるプレイスポットで興行を打つことで、従来のプロレスマニアではなく、好奇心旺盛《おうせい》で面白そうなものに飛びつく若い世代をうまくつかまえていきました。**

また、高木は女性ファンを増やすためにプロレス会場にコギャルを招待し、そのことが一般誌で紹介されて話題になったことで、ブレイクするきっかけをつくりました。「週刊プロレス」「週刊ゴング」などのプロレス専門誌ではなく、「東京ウォーカー」や「ぴあ」などの一般紙でメディア露出を増やしていった点も、理にかなった戦略だと言えます（あえて言うまでもありませんが、プロレス専門誌はプロレスマニアしか見ないからです）。

そして、「プロレスとはキャラクター産業である」というWWEオーナーのビンス・マクマホンの言葉通り、DDTの選手はみなキャラクター造形（セルフプロデュース力）に長けており、プロレスに興味を持ってもらうより前に、まずは魅力的な自分自身に興味を持ってもらうことを、一人ひとりの選手が常に意識しているように見えます。SNSでの自己発信も各選手に任されており、アイドルのSNS戦略と同じように、キャラクターとしての自分自身を率先して売っているようです。これは、二〇一二年以降の新日本プロレスにも見られる傾向で、日本のプロレス業界がゆるやかにエンターテインメント路線に舵を切っていることの証左だと言えるでしょう。

プロレス業界と本屋業界の共通点・相違点

さて、ここまで出版業界とプロレス業界が歩んできた直近の歴史を振り返ってみました。**両者の共通点として、「代替品の脅威」によって市場規模が縮小したことがあげられます。**出版業界にとっての代替品とは普及したインターネットであり、多様化した娯楽です。一方、プロレス業界にとっては総合格闘技がそれにあたります。顧客

■伊野尾書店で開催された本屋プロレス

の「読書離れ」や「プロレス離れ」が業界低迷の要因の一つになっている点も共通点だと言えるでしょう。

一方で相違点もあります。出版業界がモノを売り「日常的娯楽」を提供する一方で、プロレス業界は体験を売り「非日常的娯楽」を提供します。また、市場規模が大きく異なります。そして、もっとも大きな相違点はプロレス業界がＶ字回復を果たした一方、出版業界は電子書籍の売上が伸張してはいるものの大きな回復の兆しが見えない点です。プロレスが新規顧客の創出に成功している一方で、出版業界はうまく新規顧客を取り込めていないようにも思えます（Ｐ１９７の表）。第一章でも述べたように、そのことが本書の制作のきっかけとなった、私が出版業界に対して抱いている問題意識です。

本と読者をつなぐ本屋の私が、新規顧客を創出するためにできることはないだろうか。プロレスが提供しているような「非日常的娯楽」を本の世界でも創れないだろうか。唯一無二のキャラクターを身にまとい一流のプロレスラーが観客を魅了するように、唯一無二の本屋が読者を魅了する場を創れないだろうか。そんなことを考えながら、二〇二〇年に取り組んだ一つの企画があります。

唯一無二の本屋が一堂に会した本屋フェス

■出版とプロレス両業界の共通点と相違点

	出版業界	プロレス業界	
市場縮小の要因	インターネットの普及、娯楽の多様化など（代替品の脅威）	総合格闘技ブームの到来など（代替品の脅威）	共通点
市場縮小の背景	顧客の「読書離れ」	顧客の「プロレス離れ」	
冬の時代の勝ち組	冬の時代にも勝ち組は存在する（Amazon）	冬の時代にも勝ち組は存在した（プロレスリング・ノア）	
集団から個へ	独立系書店の台頭	個々のレスラーのキャラクターが顕在化	
新規顧客の取り込み	新規顧客の取り込みが課題	新規顧客の取り込みに成功（女性ファンの獲得）	相違点
業界の垣根を越境	書店のオーナーは大半が出版業界の人	業界の外側から来た経営者によりＶ字回復	
顧客に提供する価値	顧客に提供する価値はこれまでと変わらない？	格闘技路線からエンタメ路線に変更（Ｖ字回復）	
顧客が求める価値	日常的娯楽	非日常的娯楽	
市場規模	１兆6,305億円	120〜130億円	

二〇二〇年一月三十一日と二月一日の二日間、二子玉川駅前の二子玉川ライズ　ガレリアという半屋外のオープンスペースで、四〇の本屋が一堂に会する「二子玉川 本屋博」というフェスを開催しました。私が尊敬してやまない本屋さんたちにお声掛けし、真冬の寒空の下ご出店いただきました。絵本専門店、植物の本のお店、女性のための本屋、元保護猫たちが店員を務める本屋、移動本屋、エア本屋などなど、唯一無二の個性的な本屋さんが集結しました。

フェスとはいうものの入場料は無料。通行客が自由に行き交うオープンスペースで開催することがこの企画の肝でした。神保町ブックフェスティバルのように、「本好きが集まる本好きのための祭」も魅力的ですが、私は本好きな人たちだけではなく、普段本屋に足を運ばないような方や、あまり本に興味がない方に少しでも本に振り向いてもらいたいと思い、このフェスを企画しました。そして、その根底には、書店の中で仕事をしていても、新たな読者を創ることはできないのではないか？　という疑念がありました。なぜなら、本に興味がない方はそもそも書店に来ないからです。だから、日常的に本を読まない人や、書店に足を運ぶ習慣がない人に対して、書店の中で面白い取り組みをしたところで意味がありません。**書店の中で待っているのではなく、自分から未来の読者のもとへ出向いていき、本に振り向いてもらうための工夫をすべきだと考えました。**

その工夫の一つが、本を食や音楽と掛け合わせることでした。本には興味がないけれど、食や音楽には興味があるという方は多くいるはずだと考え、通行客の食欲をそそるキッチンカー四台にご出店いただきました。また、会場にステージを設けて計四本の音楽ライブを開催しました。美味《お い》しそうな匂いと心地良い音楽が本に興味がない通行客の足を止めさせる。そして、そこに本があればきっと興味を示してくれる。そんな確信めいた予感は現実のものになります。たまたま通りかかった近隣住民や買い物帰りの家族連れの方々が、吸い寄せられるように本屋に近づいていき、本を買って帰られました。もちろん本を愛する読書家の方々もたくさん来場され、どの本屋からも終始客足が途絶えることはありませんでした。この二日間の来場者は三万三千人、売れた本は一万冊を超えました。この二日間は私のこれまでの本屋人生でもっとも幸福な二日間だったかもしれません。

■二子玉川 本屋博

中には「フェスやイベントの時だけ本が売れたって意味がないのでは」というようなネガティブな意見もありましたが、私はまったくそうは思いません。本屋博は、四十の本屋が新たなお客さんと出会う機会になったはずだからです。実際、「本屋博で本を買ってくれたお客さんが、後日お店に足を運んでくれた」という声もよく聞きました。それは、本屋博という企画が優れていたからではなく、一店一店の本屋がお客さんを惹き付ける唯一無二の個性を持っていたからです。

そして、何より嬉しかったのは、どの本屋でも店主とお客さんとの間で濃密なコミュニケーションが生まれていたことです。**本を介した人と人とのコミュニケーションこそ、本屋の仕事の醍醐味《だいごみ》であり、本質です。**お客さんに「この本が欲しい」と思わせることも大事ですが、「この店主から買いたい」と思わせることもきっと大事なはずです。本屋博に出店いただいた本屋さんたちは、みな個性的で店主自身に魅力が宿っている方々でした。本屋博に限らず、業界全体のことを考える時も、「出版業界に興味を持ってもらいたい」「本に興味を持ってもらいたい」と考えるのではなく、「本を売っている〝その人自身〟に興味を持ってもらう」ことが重要なのではないかと私は思います。

たとえば「プロレス」と聞いただけで顔をしかめる、いわば「プロレス・アレルギー」を持つ人が本当に多かった。とくに女性からはほとんどそうした反応が返ってくる。よくよく聞いてみると、プロレスの試合をちゃんと見たことはないという。だけど「流血」や「汗くさい」、そして「怖そう」というイメージが強すぎるのだ。

一度でいいから先入観を捨てて、会場で生の試合を見てもらえたら「面白かった！」と言わせる自信はある。だけど、感覚的に「イヤ」という人に対して、どんなにプロレスの素晴らしさを語って「ぜひ一度会場にきてください」と誘っても、返ってくる答えは決まっている。「プロレスはちょっと……」

僕が考えたのは、プロレスに興味を持ってもらうのではなく、まず「棚橋弘至」という人間に興味を持ってもらう、という方法だった。

棚橋弘至『棚橋弘至はなぜ新日本プロレスを変えることができたのか』（飛鳥新社）

棚橋弘至が新たなファン層を開拓してプロレス業界を発展させたように、本屋も新規顧客を創出することでもっともっと元気な業界に変えていけるのではないかと私は考えています。

Interview

付加価値を生むには斜め上からの発想が必要

高木三四郎

（プロレスラー）

AKB48や乃木坂46のシステムに似てきました

——二〇二三年九月、東京駅発・のぞみ三七一号の車内でプロレスの試合を行う「新幹線プロレス」なるイベントが行われますね。ちょうどこのインタビュー収録日がチケット発売日だそうで。

高木　はい、先ほど三十分で完売しました。十席のみ用意したプレミアシートに関しては三分で即完だったので驚きましたね。プレミアシートが二万五千円、指定席が一万七千七百円と高めの料金設定ですし、そもそも東京～名古屋の片道区間での開催のため、「これ、観たい人いるのかな?」と正直自信がなかったのですが（笑）。

——いやいや、ファンは絶対に観たいですよ。本企画だけでなく、本屋プロレスやビアガーデンプロレスなど、高木さん率いるＤＤＴは様々なアイデアでファンを楽しませてくれます。

高木　シンプルに「みんなを振り向かせたい」と思っているんです。いまだに日本プロレス界はメディアも含めてメジャーがすべて。メジャーといえば今も新日本プロレスを指します。ＤＤＴがここまで規模を拡大してきても、その現状は変わりません。だから、みんなを振り向かせるにはどうすればよいかをずっと考え続けてきました。

——ＤＤＴは従来のプロレスファンとは異なる客層を取り込みながら成長してきた

側面があると思います。旗揚げ当初から今に至るまで、どのようなファン層の変化がありましたか？

高木　旗揚げ当初は僕が以前所属していたＰＷＣ（プロ・レスリング・クルセイダース）のファンを引き継いだ形でした。ＰＷＣがインディー団体のため、いわばインディーファン、そのなかでも特にコアな人たちが中心でした。そこからＤＤＴがエンタメ路線へ舵を切るとアメプロファンが流れてきました。そして、飯伏幸太選手、ケニー・オメガ選手のおかげで新日ファンも少しずつ入ってきて。その頃から観客の女性割合が増えてきました。当時、プロレスの観客といえば、男女比が九対一、よくて八対二くらいが一般的でしたが、ＤＤＴは六対四くらいまで女性ファンが増えてきたんです。そして現在は女性が七～八割を占めます。プロレスに限らず、アニメ、アイドル、漫画などを愛するサブカルファンの女性が特に多い印象があります。

――女性ファンは意図して増やしてきたんですか？

高木　飯伏選手やケニー選手がブレイクしたときは、彼らに女性ファンが多かったこともあって、その流れに乗って意図的に仕掛けました。その後、他団体との差別化のためには女性ファンを増やすしかないと考えました。その考えは一貫していて、この結果はある意味で上手《うま》くいきすぎた、という感じでしょうか。そうそう、そのため今は興行売上に占めるグッズの割合がすごいんですよ。

――興行売上といえば、その大半を占めるのは基本的にチケット売上ですよね。

高木 そうです。興行売上の多くはチケット売上で、一般的には物販などのグッズ売上は二〜三割程度です。しかし、今のDDTではグッズ売上が興行売上の半分を占めます。

――それはすごいですね！

高木 プロレス業界では今も昔もTシャツが人気ですが、DDTではTシャツはあまり売れません。その代わりに選手のポートレートや一緒に撮影できるチェキ会が人気です。チェキ会では一人の選手に対して二百人の行列ができることも。いわば、AKB48や乃木坂46のシステムに似てきているんです。

――もはやアイドルですね。

高木 メジャー団体の男性ファンからは「DDTはプロレスじゃない」と言われたりもします。そのくらい今のDDTのファン層は明らかに他団体とは違う。だからこそ、ここをさらに伸ばすにはどうしたらよいかを考えています。

「ボケッとしないでヘアメイクに行ってこい」

――新規のファンはどのように増やしているのでしょうか？

高木 一つは無料大会です。自治体や行政が興行料金を払って現地に呼んでくださるため、お客さんは無料でプロレス観戦できます。無料がフックとなって、既存ファンがまだプロレスを見たことがない友人も呼びやすいんです。ちなみに無料大会では物販を必ず設けます。試合と物販を通じて「いいね！」と思ってくれた方が次回以降の興行に足を運んでくれます。いまも三ヶ月に二回ほどのペースで開催しています。

――全盛期のプロレスは金曜夜八時にテレビ放送があったおかげで、たくさんの人が無料で見ることができましたが、今はそういう機会がほぼありません。無料大会は他団体でもあまり行っていない取り組みですよね。ちなみに、新規ファン獲得のために他にも注力していることはありますか？

高木　TikTok や Instagram などのＳＮＳです。ＤＤＴではＳＮＳの運営を女性スタッフにお願いしています。僕らおっさんの感覚ではわからないことばかりなので。最近も二十代の女性スタッフから韓国の BLACKPINK のＳＮＳを見せられて、「こういう風にやりたい」と提案を受けました。「お、おお、いいね」と返事しましたが、僕からすれば本当に大丈夫なのかよくわからない（笑）。でも、お客さんの世代に近いスタッフが言うことは信じるようにしています。それもあって Instagram のフォロワーが直近三ヶ月で約五千人も増えて、現在約一万八千人（※二〇二三年九月時点）に。特に毎日アップする短尺の「リール動画」が拡散しています。会場に来た若い女性のお客さんにＤＤＴを知ったきっかけを聞くと、半数以上が Instagram 経由と答えますよ。「イケメンの写真が流れてきて、調べてみたらMAO選手でした」みたいな。そうやって無料大会やSNSなどを起点に口コミが広がった結果、新規のファンが増えています。

——書店業界では集客に苦労しているお店もあります。学生時代も含め、長年イベント集客をやってきた高木さんに「集客のコツ」をお聞きしたいです。

高木　集客のために今のDDTが力を入れているのは「とにかく格好良く見せること」です。大会ビジュアルだけでなく、選手自身においても。レスラーは髪型に気を遣わない人が多いじゃないですか。だから後楽園ホール大会以上のビッグマッチにはプロのヘアメイクに入ってもらっています。三人のヘアメイクが三十人ほどの選手を見てくれます。僕もシミが気になる年なので消してもらったり（笑）。

——ヘアメイクを入れる団体はあまり聞いたことがないです。でもアイドル的な売り方をする上《うえ》では理に適《かな》っていますね。

高木　そうそう、ビジュアルへのこだわりは絶対に必要です。昔みたいにただ単に「強い」だけではダメで。サイン会や物販で客前に出るときは、試合後にもう一度整えてもらうほどです。試合が終わってボケッとしている選手には「早くヘアメイクに行ってこい」と伝えています（笑）。

■ DDTの特徴的なInstagramの画面

通常トピックごとに分割されている画面をつなげて、大きくし、
インパクトを与えるものになっている

ハイクオリティなものよりも人々の感情に訴えかけるもの

――少し昔の話になりますが、プロレス団体・FMWもエンタメ路線に挑戦していました。ただ、爆発的なヒットにまでは至りませんでした。DDTの目指すエンタメ路線とはまた異なりますが、高木さんはかつてのFMWの戦略をどう見ていますか？

高木　実は最近、FMWの過去映像を可能な範囲で見て、彼らのエンタメ路線を自分なりに検証しています。僕が思うに、FMWが意識した市場は「世間」だったなと。「世間」という一般客層にプロレスをアピールしていました。それには著名な芸能人に声をかける選択肢もありますが、どうしても費用が掛かります。そこでFMWはAV女優たちをリングに上げていきます。しかし、それが加速してエログロ路線に走ってしまった、それが爆発的ヒットには繋《つな》がらなかった一つの要因だと考えています。もしエログロまで行かずAV系でとどまっていたなら、また違った市場ニーズを満たしたのかもしれません。その点、資金力で常識を覆したのがハッスルです。ハッスルが様々な著名人をリングに上げたことで、世間とプロレスの垣根の一部はなくなりました。FMWはハッスルと同じく「世間」に届けようと試みましたが、そのための資金とノウハウが足りなかったのかなと。反対に、旗揚げ当初のDDTは「世間」を見ず、プロレス内部のライト層とアメプロファンを見ていました。そのため、パロディが多く、それゆえに揶揄《やゆ》されたりもしました。アメプロファンは「面白いよね」と言ってくれましたが。

――FMWは選手層も厚く、試合のクオリティも高かったため、もっと注目を集めてもよかったと思うんです。

高木　まさに悩ましいポイントです。クオリティが高くても客席が埋まるわけではないのがプロレスの難しさだなと。

――それを聞くと本も似ているかもしれません。中身のよい本なら多くの人に届くかと言えば、必ずしもそうではないので。

高木　ハイクオリティなものが必ずしも広がるとは限らないですよね。それよりも人々の感情に訴えかけるエモーショナルな部分が優れたものの方が届きやすい。たとえば、BreakingDownは試合よりもむしろ街の喧嘩《けんか》自慢たちがオーディション会場で揉《も》める場面を長尺で見せます。そこで視聴者の感情に訴えかけています。ある種、昔のプロレスを彷彿とさせるわかりやすい「揉め事」、要するに世間の人々はそれが見たいんです。その点、最近のプロレスはわかりづらく、なかなか伝えづらいんですよね。

ルールをシンプルにしなければプロレスは世間へ広がらない

――今後DDTだけでなく、プロレス業界全体が発展するためには何が必要だとお考えですか？

高木　なんとなく答えはわかっていて……プロレスのルールは非常に複雑なため、よりシンプルにしなければ大きくは広がらないのかなと。「世間」へ目を向けるなら、特に。たとえば、勝ち負けのパターンが、フォール、ノックアウト、ギブアップ、リングアウトなど複数あるじゃないですか。さらに反則は一発アウトでなく、五カウント以内ならOKなど曖昧《あいまい》かつ複雑です。一方、K-1などは厳密には細かなルールがあったとしても世間には「殴って倒れたら負け」というわかりやすいルールが伝わっています。観客から見えるのはそのくらいのシンプルさが求められます。そうしないと大衆文化にはならない。でも、もしルールをシンプルにしたらプロレス本来の良さはなくなるでしょうね。敗者の美学があったり、何回投げられてもふらふらと起き上がるかっこよさがあったり、その曖昧さと複雑さが広がりを阻害している一方でプロレスの魅力でもあるので。

――たしかに「プロレスのどこがいいの？」と聞かれるといつも説明に困ります。

高木　わかりづらさも含めてプロレスなので、この矛盾点は悩ましいです。もしルールを変えないとすれば、もはや「ルールはなんだっけ？」となるくらいにこれまでと違うプロレスの要素を前面に見せるしかないと僕は思います。それが先ほどの話に繋がります。DDTでは体を鍛えたイケメン選手たちが一生懸命頑張って六十分ぐらい試合をして、そこからスター選手が生まれるような、猪木さんがコテコテのアメプロで訴えたのとはまた違ったエモーショナルな部分を打ち出していきたいです。

――DDTはそうやって「わかりやすさ」を追求してきたと。

高木　そうですね。昔からよくDDTを一言で説明するならと聞かれていました。新日本なら「ストロングスタイル」、全日本なら「王道プロレス」、対してDDTは「文化系プロレス」と謳《うた》った時期がありました。でも「文化系プロレス」はちょっと伝わりづらい。そのため「エンタメプロレス」なのかなと。実は、僕としては「プロレスバラエティ」くらいがよかったのですが、当時いろいろな人に反対されました。

――たしかにそれは反対されそうですね（笑）。

高木　昔のバラエティ番組のような、コントあり、歌あり、お笑いあり、ドキュメンタリーありの世界が象徴する「幅広さ」を表現したかったんですよね。

――ちなみにメキシコでは、子どもからお年寄りまでプロレスを楽しんでいて、それこそ大衆化しているように見えます。

高木　アメリカもメキシコもプロレスが地元に溶け込んでいますよね。いわば大衆娯楽なんですよ。テネシー州やテキサス州などに行くと、テレビ中継もされないローカル団体が複数あります。選手は全米各地から呼ばれて、飛行機代は出るがギャラは数百ドルといった世界。リングの規格も統一されておらず、あちこちで有志の人々がリングを手作りして、百人、二百人の会場で試合が行われています。でもこの広がり方って説明が難しいんですよね。たとえるなら日本で相撲が大衆娯楽となって、あちこちで野良相撲が行われている状況に近いなと。

高木さんならどんな本屋をつくりますか?

――出版業界や本屋業界のこともお聞きしたいです。私たちの業界においても、普段本を読まないような新たな読者を取り込まなければいけない、そんな問題意識を持っています。高木さんの立場から本の業界がどう見えるのかを伺いたいです。

高木　業界を問わず、「大衆化する」ことを目指すか、あるいは「コアファンを極める」ことを目指すか、この二極化がより進むと思っています。どちらも中途半端な状態はきっとダメで、どちらに注力するのかを選ばないといけないのかなと。

――なるほど。

高木　プロレスが大衆化を目指すと、先ほどのお話のようにルールから変える必要があるというのが僕の持論です。ただ、ルールのシンプル化はプロレスの魅力を消してしまう怖れがあるのもお伝えした通りです。また、これだけエンタメが溢れる世の中で大衆化するには、一つひとつのエンタメと勝負しなければいけません。そのため、あくまで今時点の考えですが、個人的にはプロレスは「コアファンを極める」を選択した方がよいのではと思っています。もちろん、うまくいけばたくさんの人に受け入れてもらえるようなフックづくりは続けつつ。

――では出版業界や本屋業界がどこを目指すか、ですね。

高木　そうだと思います。

――ちなみに、高木さんならどんな本屋をつくりますか？　もしアイデアがあればお聞きしてみたいです。

高木　まず本屋＋αを考えないとなかなか厳しいでしょうね。たとえば、ラグジュアリーを極めた本屋。そこへ行けば本を読みながらフットスパやヘッドスパを受けられ、ヘアカットやネイルもあって、食事もできる、そんな「スパリゾート＋本屋」が最初に浮かびました。というのも、ラグジュアリーへの憧れは年々強まっていて、一～二ヶ月に一度ならお金を払ってでも満足度の高い体験をしたい人が急増しています。特にコロナ禍を経てさらに加速したように思います。新幹線プロレスでプレミアシートから先に完売したのもその一例です。

高木三四郎（たかぎ さんしろう）
株式会社 CyberFight 代表取締役社長であり、現役プロレスラー。エンタメ性の高い興行で日本武道館や両国国技館での大会を成功させるほか、「路上プロレス」やアイドルとのコラボレーション興行、飲食店やストレッチ専門店の経営など新しいことにも臆せず挑戦する。業界屈指のアイデアマンとして業界内外から注目される。

――なるほど。

高木　本自体の付加価値を高めるのは、これ以上なかなか難しいのでは。だから本以外の価値を高めて単価を上げます。でもそれはプロレス業界も同じです。試合を見てもらうことが主軸のプロレスは、そこにグッズや配信などを加えていかに付加価値を高めるかが大事ですから。新幹線プロレスのプレミアシートも同様で、特典としてお土産を付けたり、直筆のサインを付けたり、いかに価値を上乗せするかを考えました。たとえば、三時間滞在すると五万円かかるが、一流ホテルのスパ並みのサービスを受けられる、そういう本屋があってもいいのかなと。あるいは海外の富裕層をターゲットにした本屋があってもいい。おそらく、業界内の既存の考え方やマインドは大きく変えないといけないでしょうね。

――興味深いです。

高木　あとは女性客を増やすことも大事なのかなと。

――それはなぜでしょうか？

高木　やはり世の中の流行のトレンドは女性がつくっているからです。本屋の利用客は年配の方や男性の方が多い印象があるので、女性のお客さんに来てもらう施策を考えてみたらどうだろうかと考え、そこで思いついたのは店員さんが全員イケメンの本屋です。自分で言いながら雑で乱暴な発想だとわかっていますが……それを最大限に売り出せばきっと話題になると思います。

――これは誰もやっていませんね。

高木　たとえば、プロダクションと提携して、駆け出しの俳優にお店に入ってもらって基本的な接客だけ教えるイメージです。口コミには大きなパワーがあるからこそ、そのためのネタが非常に重要だと思います。逆を言えば、良いネタがあれば口コミで本当に広がります。イケメン本屋はメディア展開にも繋げやすそうなので、そこで話題をつくって、半年後ぐらいに店員で「CDデビューします」みたいなのもいい。すると本屋に来る客層もガラッと変わって、人も集まるのかなと。

――基本的に、お客さんにとって本屋は人に会いに来る場所でなく、本を買って帰る場所という固定観念がありますよね。

高木　本を買いに来るのではなく、その店員さんに会いに来る、でもそれも立派な来店動機じゃないですか。今はどこのプロダクションも売り出し方に苦労しているため、そういった背景も考慮した上で、期間限定の取り組みでも提案してみてもいいかもしれませんね。

――ありがとうございます。いや、高木さんらしい予想外の角度からのアイデアでした（笑）。

Column

伊野尾書店がDDTから学んだこと

伊野尾宏之

（伊野尾書店）

伊野尾《いのお》書店の伊野尾と申します。東京の中井《なかい》という、私鉄の各駅停車しか止まらない小さな町の商店街で小さな書店を経営しています。店は父親が昭和三二年（一九五七年）に創業しました。一九七四年生まれの私は大学を出た二年後の一九九九年から入社して、現在二四年目になります。

入社直後から肩書は「店長」でした。店長と言っても社員が社長である父と、共働きの母の二人しかいない、いわゆる「パパママショップ」の三人目の従業員でしたので部下はいませんでした。

仕事は「先輩」である父親に教わるわけですが、その時点で父親も六十歳を超えており素人目にも時代に合ってないようなやり方がちょこちょこありました。ですので、すぐに店の運営をめぐって父親と意見の衝突をするようになり、仕事にあまりやりがいを見いだせないでいました。

その後、縁あってNET《ネット》21《にじゅういち》という独立書店の協業グループに参加することになり、私はここで初めて父親以外の「書店の先輩」から経営や店舗運営に関していろんなことを学びます。仕事でDDTと関わることになったのはちょうどこの頃です。

私がプロレスを好きになったのは父親の影響です。子どもだった一九八〇年代、父が見ていたテレビプロレス中継を隣で一緒に見るうちに私もプロレスファンになり、高校生くらいから会場にも行きだし、大人になっても見続けていました。

二〇〇八年にＤＤＴ代表である高木三四郎さんの『俺たち文化系プロレスＤＤＴ』という本が出ると知ったときも「高木三四郎、本出すんだ」くらいの感覚でいたら、発行版元の太田出版の営業である森一暁さんから「ご相談があるんですが」と連絡がありました。打ち合わせにやってきた担当編集者の梅山景央さん（現在九龍ジョーの筆名でライターとしてもご活躍中）は私に一枚の写真を出しました。それはＤＤＴの若手人気レスラーだった飯伏幸太選手がコンビニのレジカウンターから飛び技をやっているところで、「こういうのが書店でできないかと思ってるんです」と、ばつが悪そうに言いました。

私は「来た！」と思いました。というのは、常日頃からプロレス情報を収集していた私は、当時飯伏選手が「リングのない、スーパーの店内とかでプロレスをやりたい」と発言していたのを知っていたからです。まさかその場所が「書店」に置き換えられると思っていなかったので、思わぬところで「つながった！」という感覚でした。

そのとき私はまだ自分の書店でイベントを開催した経験がなく、どうやって開催するのか？　何に気を付けるのか？　みたいなノウハウをまったくわかっていませんでしたが、「これはもう俺が受けるしかない！」みたいな使命感に駆られ、「わかりました、やりましょう」と即答しました。

こうして日本で初めて「新刊のプロモーションのために著者がプロレスを行うイベント」、通称「本屋プロレス」が行われます。試合は著者である高木三四郎選手と、「スーパーでプロレスをやりたい」飯伏選手のシングルマッチです。試合内容は私がここで細かく書くよりYouTubeを見ていただいた方が早いのですが(「本屋プロレス」で検索)、観客が二百人以上詰めかけ、大盛況のイベントとなりました。

ずっと客席からプロレスを見てきた自分が「プロレスを提供する側」に回り、その中でもDDTという団体と一緒にやらせてもらったことは多くの発見がありました。ここではそのときに学んだことを書いていきたいと思います。

1.既存の文脈にない、「何それ?」と思われるものは幅広い層に届く

本屋プロレスは対象書籍を買った人だけに観覧チケットを渡す「興行」ではなく、来た人は本を買わなくても見られる「フリーライブ」で行われました。

高木さんの著書は試合前と試合後に販売したのですが、試合後の方が圧倒的に売れました。まず先に試合を行い、決着がついた直後の観客の興奮がまだ冷めやらぬタイミングでダメージがまだ抜けきれない高木さんが「俺の本を今買ったらサインするぞ!」と叫んで臨時サイン会が始まり、なぜかそこに対戦相手の飯伏選手まで加わっ

たのでものすごい人が殺到しました。

当初私たちは来場者数を「五十〜六十人くらい」と予想してましたが実際には二百人以上が集まったので、事前に用意していた本は早々に売り切れてしまい、ちょっともったいないことをしてしまいました。

しかしこれは「無料」だから集まった多くの人たちが、想像以上の激しい試合に対して高揚して『投げ銭』的な意味合いで本を買おうとしたから完売したわけで、これが「チケットを買った人しか見られません」というクローズドなイベントだったらこんなには売れなかったと思います。

今でこそＤＤＴはプロレス業界でトップクラス規模の団体ですが、当時はまだ「プロレスファンの中でもさらに一部のインディー団体のファン」だけが見ている団体だったので、その中でやっても広がりはなかったはずです。

「本屋でプロレス」という、想像もつかない組み合わせをアナウンスして「それはどういうものなんだろう？」と関心を摑《つか》み、さらに無料で見られるようにしたことで「普通にやってたら見に来ることはまずない」客層を呼ぶことに成功していました。

Twitter では「普通の、当たり前のこと」を書いてもそんなに拡散されませんが、ちょっと変な内容だったり、見た人が「何これ？」と言ってしまうような奇抜なものが拡散されやすい部分があります。それに近いかもしれません。

DDTは昔からこういう「話題の作り方」が上手で、試合に映像を使ったり、見た人が笑ってしまうようなやり取りを試合に組み入れたり、レスラーが人間以外の無生物（脚立《きゃたつ》や人形など）と戦う試合があったり……と、思わず「それは何なんだよ」と突っ込んでしまうような試合を数々やっていました。

DDTが素晴らしいのはこういう「突っ込み待ち」のような試合をただ笑いで終わらせるのではなく、そこから見る人の「想像外」まで広げていったことにあります。人形とプロレスをするというと、観客は「なんとなくプロレスごっこみたいなことをやるんだろうな」と想像します。が、実際に行われた試合は想像をはるかに超える激しさとリアルさで、相手が人形であることを忘れるような「プロレス」が展開される。その「想像外」の部分に観客は興奮したり、感動したりします。そういった積み重ねをずっとDDTはやっていました。

最初に「本屋プロレス」という試合を発表した時、見に来た人の多くは「どうせ本屋の中でプロレスラーが売り物の本をぶっ散らかしたり、壊したりする試合なんだろう」と思っていたのではないかと思います。

ところが実際はその真逆で、レスラー二人は狭い書店の中で取っ組み合いのようなレスリングをしているのに、絶対に売り物の本に触れない。一度だけ倒れた衝撃で棚の本が一冊だけ落ちましたが、そうするとレフェリーがパパッと手で汚れをはらって元の場所に戻す。

そうすると観客は「本を大切にしてる！」と盛り上がる。プロレスはこうした「小さなリアルな動き」を積み重ねることで観客を熱狂させていくのですが、同じようなことは本屋の仕事にもあります（本屋だけでなくすべての仕事に共通するかもしれません）。

並んでいる本のずれた帯を戻す。棚のうっすらした汚れを拭く。お買い上げされた本のブックカバーをピシッとつける。会社の決算書には表れない「小さなリアルな動き」を積み重ねることでしか、説得力を与えることはできないと私は思います。

2．小さなニュースを小出しに何回も発表する

二〇〇八年当時のＤＤＴには熱心なプロレスマニアはともかく、ライトなプロレスファンや一般世間でも知られたような選手は一人もいませんでした。したがって、これまで興味のなかった人たちを呼び込まないことには観客は増えない、という状況にありました。なのでＤＤＴはとにかくメディアに取り上げてもらう機会を増やすために、小さなニュースリリースを数多くやっていました。

「〇月×日の後楽園大会でＡ選手vsＢ選手のＣ王座タイトルマッチという試合をやり

伊野尾宏之（いのお ひろゆき）
東京都新宿区の西端にある昭和風情漂う街・中井の本屋「伊野尾書店」店長。
趣味はプロレス（ＤＤＴ、全日本プロレス）観戦とプロ野球（千葉ロッテマリーンズ）観戦。ブログ「伊野尾書店Webかわら版」を時々更新中。

ます」という、本来一回の告知で済むような内容を
①「○月×日の後楽園大会に大物選手参戦！」というニュースを出し
②あるタイミングで「後楽園大会に参戦する選手はこの人！」みたいな映像を作り、そこでA選手であることを発表
③B選手が「A選手が出るなら俺が戦いたい」と発言
④「A選手vsB選手の試合が正式決定しました！」と告知
⑤「二人の試合はC王座タイトルマッチで行います！」と告知
みたいに、情報を何回も分けることでファンの期待を段々に煽《あお》り、またメディアにはそのたび紹介ニュース記事が載る、ということをやっていました。

実はこれと同じことを毎回やっているのが村上春樹の新作発表で、
①「○年×月、村上春樹新作発売」というニュースを大きく告知
②「村上春樹、新刊のタイトルは『○○○○』」と告知
③「村上春樹新作、書影が公開」として書影を公開
④発売日に「村上春樹新作『○○○○』ついに発売」
といった具合です。

一回だけのニュースだと「ふーん」で終わる人でも、何回も情報に触れていると「そんなにいいのかな」「そんなに評判なのかな」と興味がわいてくるものです。

私も書店でフェアや企画をやるときには、販売状況や「こんなことがありました」といった小さなニュースを何回もSNSで出すように心がけています。人は一度見ただけのものはたいがい忘れていきますが、二度三度見ると「そういえば前も見たな、これ」と印象に残るものです。そうやって認識されていったうちの何割かの人が、実際に見に来たり買いに来てくれているのではないかと思います。

他にも、

3．上司は下の人間に企画を丸投げする

4．それまで縁のなかった異業種、異業界を積極的に取り入れる

などまだまだあるのですが、詳しくは高木三四郎社長二冊目の著書『年商500万円の弱小プロレス団体が上場企業のグループ入りするまで』(徳間書店)を読んでいただけたらと思います。

DDTは常にいろんな刺激と発見を与えてくれるプロレス団体です。プロレスのいいところは「誰でも途中から参加できる」ところなので、見たことがなければぜひ一度見てみてほしいです。

第三章では、異業種の事例をもとに新たな読者を創るためのヒントを模索しました。プロレス業界を取り上げたのは、私自身がリアルタイムでV字回復する様を目にし、落ち込んだ業界をここまで盛り上げられるのかと驚かされたからです。第一章で芹澤連さんが指摘されたように、ある程度大きなお金をかけて広告を打たないとライトユーザーを増やすことはできません。まさに、メジャー団体の新日本プロレスはブシロードの資本を得て、大々的な広告戦略で奇跡の復活を果たしました。一方で、大きな資本を持たないインディー団体のDDTは、文化的な発想とアイデアでお金をかけずにどんどん新たな顧客を獲得していきました。両者の取り組みは両極端に見えるかもしれませんが、「新たな顧客を開拓する」という点で共通しています。

本章で「マニアは業界をつぶす」という言葉を引用しましたが、第二章ではけんごさんも「本好きの人がこれから本を好きになろうとしている人を突き放すような場面を見かける」と、同じようなニュアンスの発言をされていました。これは私が抱えている問題意識とも通じます。八年前に書いた著書『これからの本屋』にこのようなことを書きました。

にわかファンを馬鹿にするような風潮があるじゃないですか。ワールドカップのときだけサッカーファンになるような人とか。でも、ファンというのは誰しもみんな「にわかファン」だった時期があるわけで。本好きだって、「にわか本好き」からちゃんとした本好きに移行すると思うんです。そこを深みにはまらせていくのが本屋の仕事というか、僕がやりたいことなんです。

私の思いはこの時から変わっていません。これからの書店業界は、マニアだけから愛されるのではなく、もっともっと間口を広げて、広く一般の人たちに興味を持ってもらえるようにならなければなりません。本章で業界外の事例を整理するとともに、書店業界の外側にいる高木三四郎さんのお話をお聞きし、その思いがさらに強くなりました。

さて、本書ではマーケティングサイエンティスト、国語の先生、TikToker、プロレスラー等、書店業界の外側にいる人たちにインタビューをすることで、新たな読者を創出するための方法を模索してきました。そして、最後の章では書店業界で働く四名の方をお招きし、「新たな読者を創るためにできること」をテーマに座談会を行います。新刊書店で店長を務める山下優さん（青山ブックセンター本店）、様々な形態の書店で店長を務められ、今は仲間とともに本屋を営む花田菜々子さん（蟹ブックス）、出版取次・日本出版販売で〝本のある新しい場所〟や〝本と人との出会い〟をつくっているる有地和毅さん、「本を通じた人との出会いを叶えるオンライン書店」をコンセプトとするマッチングサービス「Chapters bookstore（チャプターズ）」を手掛ける森本萌乃さん（MISSION ROMANTIC）にお話を伺います。

座談会

新たな読者を創るために
できることは何か

有地和毅
花田菜々子
森本萌乃
山下 優

新たな読者を創るために

山下　渋谷と表参道の間にある「青山ブックセンター本店」の山下優《やましたゆう》です。二〇一〇年にアルバイトで入社して、二〇一六年に実施したリニューアルのレイアウト等を担当し、二〇一八年に社員になると同時に店長になりました。二〇一六年のリニューアル後にイベントを増やし、月平均二十本程度のイベントを担当していました。

店長になってからは店舗のロゴを変えたり、出版を始めたりしています。出版では、発酵デザイナー・小倉ヒラクさんの『発酵する日本』（二〇二〇年）、オールユアーズ・木村まさしさんによる初の著書『ALL YOURS magazine vol.1』（二〇二〇年）を刊行し、次は文庫本を出そうと思っています。自分の店にしかないものをつくりたかったので、当初はオンラインで売るつもりはなかったんですけど、コロナの影響もあってオンラインでも販売しています。

あとは、黒鳥社さんが出版された佐久間裕美子さん、若林恵さんの『こんにちは未来』の出版流通を担当しました。書店である青山ブックセンターが他の書店に営業し、注文を取るという試みでした。実際にやってみると、案外注文が取れないものなんだなと。出版社側の気持ちがわかりいい経験になりました。

花田　花田菜々子《はなだななこ》です。大学卒業後に本と雑貨を扱う「ヴィレッジヴァンガード」にアルバイトとして入社し、約十一年間勤めました。三年目くらいからは店長として全国を転々としていて、今日の座談会のテーマである「普段本を読まない人にどうやったら本に興味を持ってもらえるか」ということについては、この時期に一番考え、取り組んでいたように思います。もちろん本を目当てにヴィレッジヴァンガードに来る人もいるんですけど、ちょっとふざけたような雑貨とか、目を惹《ひ》きやすいものを置くことで店に入ってもらって、本のコーナーには二行くらいで簡潔に本の面白さを伝えるPOPを付けて、「本を読むつもりがなかった人になんとかして本を売る」という努力をしていたのがこの時期でした。

その後、二〇一五年に「二子玉川《ふたこたまがわ》 蔦屋家電」に本のコンシェルジュとして転職したものの早々に辞め、二〇一六年に日暮里《にっぽり》にオープンした「パン屋の本屋」で店長を務め、二〇一八年には「HMV&BOOKS HIBIYA COTTAGE」を立ち上げて店長を務めました。そして、HIBIYA COTTAGEが二〇二二年二月に閉店したので、二〇二二年九月に「蟹ブックス」という自分の店を立ち上げました。

この一年は、本を読まない人にどうやって本を手に取ってもらうか、ということをまったく考えませんでした。良くも悪くも自分の視野を狭めて本屋を営んだ一年だったような気がします。自分がいる場所によって考えることは変わってくるものなんだなということを、このお題をいただいてあらためて痛感しています。直近で働いていたHIBIYA COTTAGEでは、文庫本の表紙絵の一部分だけを見せる「絵画文庫」や、三つのキーワードを書いた紙で文庫本の表紙を隠す「三題噺《さんだいばなし》文庫」という企画などをやっていました。本をまったく読まない人に対してというよりは、何を買っていいかわからない人向けにやっていました。

また、二〇一六年に北田さんと『まだまだ知らない　夢の本屋ガイド』（朝日出版社）という本をつくりました。この本は実在しない本屋をあたかも実在するかのように書いた本屋ガイドで、こういう本屋があったら面白いんじゃないかという想像を広げてもらえる本です。二〇一八年に『出会い系サイトで70人と実際に会ってその人に合いそうな本をすすめまくった1年間のこと』（河出書房新社）を刊行し、これは自分の体験をほとんどそのまま書かせてもらいました。ありがたいことに多くの読者に読んでいただいています。

森本　株式会社MISSION ROMANTICの森《もり》本《もと》萌乃《もえの》です。私は「Chapters bookstore」という本屋をやっています。先ほど、花田さんが「本を読まない人にどうやって本を手に取ってもらうかをまったく考えていない一年だった」と言ってましたが、私は逆に本を読まない人のことしか考えていません。Chaptersはオンラインの書店機能にマッチングサービスを付随させた本屋です。毎月出版社や書店員の方々と協力し、書名を伏せた四冊を選んで会員に案内し、同じ本を読んだ会員同士がビデオチャットでつながるという仕組みです。本屋さんに軟派なサービスをくっつけたもので、「こんな本屋はありえない」と言われたりすることもあるんですけど、自分としてはこれがやりたいという強い意志を持ってやっています。

私は本が好きで、それこそ青山ブックセンターやまだ営業していた頃のHIBIYA COTTAGEにもよく足を運んでいたんですけど、私の周りに同じような人がほとんどいないんですよ。本屋に行かないんです。だから私は、「難しくなく」本を発信する立場でありたいと思っています。本は教養にいいとか、美しい話がいっぱいありますけど、そういうのは一旦おいといて、「Netflixが見たいけど、この本が面白すぎてやめられない」というような本ばかり集められないかなと。

私は本を読んだ後、誰かと感情を共有し合いたい、みんながどんな風に思ったのか知りたいと思うタイプなので、それをリアルでできたらいいなと思ってChaptersをつくりました。うちのお客様は本が好きな方というよりは、月に一冊程度読む方が七割なので、一般の本屋さんでは取れないお客様を取っています。

私はマッチングアプリをよく使っているんですけど、ぜんぜん出会えないので、自分のエゴを全部詰めてChaptersをつくり、お客様も私も、ここで恋人ができたらいいなとローンチ前は密かに願っていました。ですが、蓋を開けてみたら四割程度のお客様しかビデオチャットをやらないんです。六割の方は「選書が面白い」という理由で利用を継続してくれています。

経歴としては、最初に広告代理店に入社してプランナーの仕事をし、その後は代理ではなく事業側に回りたいと思い、外資系企業とスタートアップ企業で経験を積みました。それから起業したいと思うようになり一、〇〇〇万円借金して、MISSION ROMANTICを立ち上げ今に至ります。

有地　日本出版販売の新規事業部門をベースに設立された「株式会社ひらく」で働いている有地《あるち》和毅《かずき》です。大学卒業後にあゆみＢＯＯＫＳという書店で働き、六年前に日販に来ました。入場料のある本屋「文喫 六本木」などに携わっています。

最近は、本の持っている価値をできるだけたくさん書き並べて分類し、それら「本の機能」を他のものに重ね合わせて体験価値を高める、というような取り組みをやっています。従来、本は「読む」ものですが、それを「身に纏《まと》う」に転換したらどうなるのかという観点から、文学作品を題材にしたネイルをつくったりもしています。文学を身に纏ったり、哲学を身に纏ったり、「着る本」というものがあれば面白いかなと。

先日、「文喫の実験室」で半年取り組んだ実験プロジェクトをリリースしました。本を通じた「文化的経験」を、既存の媒体や「読む」「聞く」という行為だけに限定せず、ローカルの魅力を物語によって引き出したり、物語をパーソナライズしたり、一人ではなく複数人の体験として読書をリデザインしたり、様々な体験を通して生活の中にインプットする方法を三人のクリエイターさんと検討し、三つのプロトタイプをつくりました。

業界を衰退させていくのは心が狭いマニアのマウンティング「自分の方がより詳しい」というみっともなさ

――本を読まない人たちに本の魅力を伝え、読者になってもらうためには、どのような取り組みが必要か。また、書店が新たな顧客を獲得するために、どのような取り組みが必要か、皆さんのご意見をお聞かせください。

森本　本屋さんって、来られるお客様に対応するので手一杯なんでしょうか？

花田　駅ビルに入っている書店やチェーンの書店だと、普段買わない人に買ってもらうにはどうすればいいかという課題があるかもしれないんですけど、うちみたいに始めたばかりのお店だと、小さな本屋や独立系の本屋が好きな全国の人たちがわざわざ来てくれるので、すでに本好きか本屋好きなお客さんとしか接することがないんですよね。ふらっと立ち寄られるお客様もいるんですけど、店内をぱっと見て興味がなければすぐに出ていってしまうので。

山下　本屋に来たい人というより、青山ブックセンターに来たい人をどう増やすかを考えています。結局そこには普段本を読んでいない人も含まれているかもしれませんけど。

有地　青山ブックセンターはワークスペースがあったり、イベントをやっていたり、既存の読者とはまた違う層にアプローチしているイメージがありますね。

山下　自分たちのお客様に何が提案できるかを考えた結果、自然とそうなっていったのかなと。

森本　蟹ブックスも青山ブックセンターもそれぞれに本が好きなお店のファンがいますよね。Chapters のお客様にはあまり本を読まないような人もいます。下心のラッピングとして本を読み、「出会えるなら頑張って読もうかな」と思う人も多いようです。繰り返しになるんですけど、私は本というものが「難しくなり過ぎない」ようにしたいと思っていて。蟹ブックスのイベントに私は行きたいけど、うちのお客様は行かないだろうなと。哲学の話があったり、フェミニズムの話があったり、知識を増やしたい人とか、思考したい人には適しているけど、そんな素敵な人ばっかりじゃないんですよね、世の中って。私は誰かのゲームチェンジを起こしたいと思っているんです。Netflixの次のエピソードのボタンを押すのと、本のページをめくるのって本質は同じだと思うんですけど、どうすればそんな風に本を読んでもらえるんだろうかと考えています。有地さんがさっき言っていた「文学を身に纏う」という話ですけど、そこに興味を持つのはすでに文学ファンの方ですか？

有地　文学ファンの方もいますが、そうじゃない方もいると思います。格好良いモノを先につくり、まず最初にそのモノに触れてもらい、そこから本に興味を持ってもらえればいいかなと。これまでと違う入口をつくるイメージです。本というコンテンツが源泉ではあるんですけど、先にそこから派生したモノに触れてもらってもいいのかなと思っていて。

森本　本が格好良いものだという認知が広がって、「格好つけたいから本を読む」というような、ある種ファッション的な機能を読書が持つようになればいいなと思うんですけど、ちょっと難しいですかね。ところで皆さん、一ページ目を開くのは重たいですか？　私、一ページ目さえ軽くなれば、普段本を読まないような人でも本が読めると思うんですよ。本屋さんで一ページ目を開いて売っているとか。オンラインであれば、イントロだけ読んでくれるボタンとかつけばいいのにと思うことがあります。

花田　それは面白いですね。一五秒予告を流すのもいいかも。キラーフレーズばっかりが音声で流れる仕組みとか。「あ、こういう話なのか」「なんだか面白そうかも」と思ってもらえるかもしれないですよね。

山下　映画では当たり前にやっていることですもんね。

森本　もうちょっとわかりやすいプロモーション動画をつくるのもいいかもしれませんよね。

山下　他の業界で当たり前にやっていることが出版業界では当たり前にやれていないのに、「売上が下がっている」と言われがちなのも変ですよね。ひょっとすると一番遅れている業界なのかもしれない。いざTikTokで本を紹介するような人が現れても、「書評書けるのか」って批判するような人もいるし、そういう空気をなくしていかないと、「すごくめんどくさい業界だな」って思われちゃう。あまり出版業界に染まりたくないなと思いつつも、長く業界にいると常識に染まってきちゃうので、異業種の人から学んだり、どんどん「開いていくこと」が大事なのかなと。

森本　ちょっと新しいことをやると、結構いろいろと言われますよね。「書店で働いたこともないやつが」とか、「こんなサービス使ったら本好きだと認めない」とか、「こいつは本が好きじゃない」とか言われて、すごく悲しい思いをしました。

花田　結局どの業界でも、業界を衰退させていくのは心が狭いマニアのマウンティングですよね。「お前は本物じゃない」とか、「何もわかっていない」とか。「自分の方がより詳しい」というみっともなさ。それは書店業界に限らないかもしれないですけどね。

「読書が楽しい」っていう当たり前の発信をもっとした方がいいと思うんです

森本　本を読まない人でも何か人生のイベントの時に本を差し出されると読んだりするんじゃないでしょうか。結婚する人に「この本読みなよ」ってお薦めしたり。花田さんがされていたのもそういうようなことですよね。花田さんが本を紹介した人で、すっごく本が好きになった人っていましたか？

花田　そこまではわからないですね。読んで「面白かったです」ってレスポンスをくれた人も何人かはいて、それは嬉しく思いましたけど。「その後どうしてる？」「人生変わった？」とか、追いかけて聞いたりまでしないので（笑）。

森本　選書をやっていて思うんですけど、選書にも限界がありますよね。一対一で本を手渡していても、その中の全員が本を好きになるわけではないので。たとえば、フランスは若者の文化活動を支援する「カルチャー・パス」という制度があって、一八歳の時に二年間の有効期限で三〇〇ユーロが支給されて、書籍の予約、コンサート・劇・美術館・映画館のチケット予約、絵画やダンス・音楽のレッスン、画材や楽器の購入、音楽や映画のストリーミングのサブスクリプションなどに使用できるんですけど、フランスの若者は漫画を買う人が多いそうです。国が主導してこういう大きなことをやらないと、本を好きになる人は増えないのかなと。

山下　たしかに本が身近にないと難しいですよね。自分も子どもの頃からたくさん本を読んでいたわけではなかったんですけど、家には親の本がたくさんあったので、本と出合う入口はありました。あとは、学校の影響も大きいのかなと。

花田　自分たちが今すぐ日本の教育を変えられるわけではないですけど、今小中学校でやっている朝読（朝の読書運動）は良い効果をもたらしているでしょうね。

森本　「生まれ育った家に本があったら読む」ということであれば、不動産会社と組んで、家を買ったら一年間本のサブスクリプションサービスが付いてくる、というようなサービスをつくるのはどうでしょうか。花田さんとか山下さんとか、選書する本屋さんをお客さんが選べるようにして、家の場所とか内装とか家族構成をもとに本を選ぶんです。大きい買い物の時にすっと提案すると買ってもらえそうですよね。一億円の買い物だと多少金額が増えてもほとんど変わらないじゃないですか。振袖を買う時とか、百万円も百五十万円も変わらないですし。

花田　「プラス二万円でこのかんざしと本がセットで付いてきます」みたいな。

森本　そうそう（笑）。大きなお金を使うタイミングに便乗するのがいいかもしれませんね。

花田　入学とか成人とか結婚とか、そういうタイミングに合わせて何かをこそっと仕込む。

森本　そう、こそっとさりげなく仕込むのがいいと思うんですよね。あと、ＥＶ充電って時間がかかるじゃないですか。隣に本棚を置くのはどうですかね。本を手に取らないでしょうか？

有地　それなら、ＥＶ充電のところにスマホの充電器もセットしておいて、スマホが手から離れる状況をつくる、というのはどうですかね。

森本　車で思い出したことがあるんですけど、昔、車が売れなかった頃にトヨタが「FUN TO DRIVE, AGAIN.」というキャンペーンを五年間ずっとやっていたんですけど、豊田社長が「うちの車が売れなくてもいいから、車の楽しさだけを発信してくれ」というキャンペーンだったんです。地道にそんなキャンペーンをやっていたら、いつの間にか潮目が変わったんですよね。あの時と今の書店業界がなんとなく似ているなと思って。だから、どこか大きな会社がお金を使って、「読書が楽しい」っていう当たり前の発信をもっとした方がいいと思うんですよ。集英社の「よまにゃ」とかすごくいいと思うんです。お気に入りの声優さんが浴衣を着て朗読していたら、本に興味を持つ人もいるかもしれないし、いい刷り込みになっていると思うんですよね。わかりやすいことをマスでずっと発信していくことで、本を手に取るきっかけをつくれるんじゃないでしょうか。

有地　今やっている取り組みって、本への距離が近すぎるんじゃないかなと思っていて。本を読まない人にいきなり本を手渡そうとしているようなところがありませんか？　本が好きじゃなくても音楽、映画、演劇、アニメが好きな人もいるし、それらから受けているものに親和性を感じてもらえていたらそれでいいんじゃないかなと。「文喫の実験室」で六本木を旅するツアーをつくったんですよ。文喫がローカルの魅力のキュレーターとなり、日常に文学の世界観を重ね合わせた、新しいトラベル体験を提案したんです。六本木を舞台にしたホラーシナリオを通して、普段と違う街の一面を体験するツアープログラムを制作して、音声コンテンツによるガイドや、文喫が本を選ぶように街の魅力をキュレーションしたマップなどによって、街に新たな一面を生み出しています。ちょっと開けた場所に出ると「開けたな」って身体的にスッキリするし、暗い六本木トンネルを歩いていると怖くなってくるし。そういう感情とか感覚は、それこそ本を読んでいる時や映画を観ている時に感じるものと同じだと思うんですけど、それらを感情曲線でつないでいくと物語と呼べるようなものになっていきます。これも広い意味では本と呼べるかもしれませんし、本の価値を違う形で伝える取り組みです。

森本　ホテルに泊まりながら演劇を楽しむ「イマーシブシアター」もありますもん

ね。文喫でもできそうな気がします。

有地　「本屋×イマーシブ」は面白そうですね。他に、「本屋×音声ガイド」や「本屋×謎解き」も面白いんじゃないでしょうか。

花田　みんなでヘッドホンをして同じ音楽を聴くクラブイベントがありますよね。外から見ると無音、という。それと似たような感じで、みんなで一つのオーディブルを同じ地点で聞き始めて、十キロくらい歩くというのはどうですかね。そうすると一つの物語をみんなで味わえます。みんなで同じ時間に同じ物語を共有するんです。「あの川を渡るあたりで●●が殺されたよね」とか（笑）。

森本　それ、面白そうですね！　そういえば最近、地域の掲示板で「朝、おばあさんたちと集まって散歩しましょう」みたいなのを見つけて、地域の友達がほしいから参加しようかなと思っていたんですよ。オーディブル散歩、やってみたいです。

有地　ＡＲ×散歩、みたいなのも面白そうですよね。書店の中でもできるんじゃないでしょうか。たとえば、お客さんが旅行書の棚に行った時に、旅行のガイドの人が話し掛けてくるとか。従来の本屋は静かで文字が目に入ってくるだけですけど、耳は空いていますよね。

それと、最近読書会がブームじゃないですか。企業の中で読書会をやってほしいという要望も結構あります。企業で働く人は、本を読んで知識を摂取したり、それを共通語にしたいと考えているのかもしれません。そういう企業に対してコミュニティごと売り込んでいく方法もあるんじゃないでしょうか。どこの企業も場所は持っているんですけど、何をやっていいかのノウハウは少ない。コミュニティをつくれば、社員間のコミュニケーションも取れますし、学びも深まります。ビジネスパーソンって、あんまり本屋をやっている人がメインのターゲットにしていないですよね。本好きというよりビジネス書を読む人、と思われがちです。本好きとビジネス書好きがマッチするゾーンが意外に少ないんじゃないかと思っていて。そこも勝機があるんじゃないでしょうか。

「本屋」じゃなくて「トレンドスタンド」
本を買いに行く場所だけが本屋ではない

有地　本屋の役割って、もっといろいろあってもいいと思うんです。新刊・話題書のコーナーに行って、最近流行《はや》っているキーワードを拾ったりする人もいると思うので、「本屋」と言わずに「トレンドスタンド」って言っちゃえばいいんじゃないでしょうか。NewsPicksと提携して、書店の売場でニュース情報を一緒にチェックできるようにするとか。「本屋に行く」という目的が広過ぎるので、たとえば「ミーティングのついでに最新情報がチェックできる場所」というように、もう少しターゲットと目的を絞ってみるのも面白いと思います。本屋が「本を買いに行く場所」だと、そもそも本に意識がない人は来ないですよね。でも、「食べ物の情報がどこよりも手に入るらしいよ」とか「写真を撮れるらしいよ」とか、違う目的を兼ね備えていると、本に意識がない人も足を運んでくれるはずです。蔦屋書店のシェアラウンジもそうですよね。

山下　中国では「ＳＮＳ映え」を意識した書店がありますもんね。自分も最初はこういうやり方はどうかなと思っていたんですけど、書店に行くという動機付けには有効だと思います。

――　たしかに、本屋に行くための目的がもっとたくさんあると、お客様は本屋に足を運ぶかもしれません。逆に本屋側がお客様の方に出向くという方法もありますよね。

森本　オフィスグリコと同じ感じでオフィスに本を置かせてもらうのはどうでしょうか？　本屋さんが巡回で来てくれたりして。社員が本を購入する際は、二割が会社負担、八割が自己負担とかにすればいいかと。

山下　似たような案ですが、車内販売もいいんじゃないでしょうか。身動きが取れない電車内で、「この本が面白い」と伝えたら本が売れそうな気がします。ただ、今は社内販売が縮小傾向ですけど。

森本　車掌さんが「車掌の●●です。今お薦めの本は……」とか喋り出すのは面白そうです。

山下　以前、うちで糸井重里さんが店内ラジオのようなものをやってくれて、そこでお薦めした本が飛ぶように売れたんです。そういうやり方もあっていいのかなと思います。やっぱり音は大きいですよね。よく見かける電車の広告はノイズにしか思えないですけど。

花田　オフィスグリコに近いかもしれませんが、本屋がもう少しＢtoＢに力を入れて、各企業に本棚の設置を売り込んでいって、一年限定のサブスクのような形式にするのはどうでしょうか。

森本　たしかに終わる期間を設けてあげた方が、企業も契約しやすいかもしれませんね。

花田　定期的にメンテナンスしないと、本に新鮮味がなくなってしまうし、物置みたいな本棚になっちゃうんですよね。

山下　うちも外商をやっていますけど、意外に求めている企業は多いんじゃないでしょうか。

有地　オフィスやマンションのライブラリーの需要は結構あって、いろんな書店が請け負っていますけど、どことなく限界が見えてきています。本って置いてあるだけだと、案外手に取られないんですよ。本を置くと場の雰囲気が変わるし、雰囲気のあるインテリアだと思えばいいんでしょうけど、本が置いてある意味や効果を明確にしないと担当者が変わったりすると続かないですよね。

オフィスの中にライブラリーをつくるのは最初の一歩でしかなくて、そこからいろんなところに食い込んでいって、本の役割をその会社に認識してもらうことが重要だと思います。たとえば、本を使って新規事業のアイデア出しをしたり、本を使って社員研修をやったり、相手側の課題を解決することが一番大事で、「本を売ること」を優先すべきではないのかなと。目的を解決するために本が使える時もあれば、そうじゃない時もある。そういう意味では、コンサル的な関わり方が理想なのかもしれません。ただ、コンサル的に関与するといっても、書店はそこまでビジネスの知識を持っているわけではないので、ＩＰホルダーや著者とつながって、出版社のコンテンツを研修という形に変換して届ける方法もあるかもしれません。

何から読んでいいかわからない初心者向けのガイドが今の本の世界には少ないと思うんです

花田　荒唐無稽《こうとうむけい》なアイデアかもしれませんけど、「一年に一冊しか本を読まない人しか入れない本屋」をつくるのはどうでしょうか。そこは一年に一回しか入れなくて、一冊だけ買って帰れる本屋なんです。そこには、「一年に一冊だけ読むとしたらこれがお薦め」という本がキュレーションされていて、次に入店しようとしても会員証を確認して、「いや、あなたは半年前に来店しているので入店できません」って帰らされるんです。そういう本屋があったら、あまり本を読まない人にも足を運んでもらえるかもしれません。

と、その延長線上で思い付いたアイデアなんですけど、「一年に一冊しか読まない人に薦めたい本大賞」をつくるのはどうでしょうか。何から読んでいいかわからない初心者向けのガイドが、今の本の世界には少ないと思うんですよ。映画って二時間あれば観ることができますけど、本って読み切れない場合もありますよね。それこそ最初の一ページが読めなかったり、そういうことが起こりやすいので、そういう障壁をなるべく取り払って、「これだったら絶対に読み切れるはず」という本を書店員がそれぞれ選んでノミネートすれば、今年一冊も本を読んでいない人たちにその情報が届いた時に、「じゃあ自分も読めるのかな」って思ってもらえそうな気がして。その本がその年に話題になった本だったりすれば、手に取る可能性がさらに増えるんじゃないかと思います。いくら話題になったって、SF長編の『三体』なんかは難しいと思うんですよ。本のプロたちが、そういう分厚い本は無理だという人に対して、何を薦めるのかというのは興味深いです。

森本　Chapters は月に四冊しか並ばないので、冒頭一〇〇ページは全部読み、「難しくて頭に入ってこない」もしくは「ライト過ぎて本じゃなくてもいい」と思うものは候補から落としています。一〇〇ページで挫折する本って、割と本が好きな私でも難しいのかなと。芥川賞、直木賞、本屋大賞って、恥ずかしながら本屋を始めるまでまったく違いがわからなかったんですよ。芥川賞受賞作はその年に出た小説で一番面白いものなのかなと思って読んでも、なんだか難しくてよくわからなくて、そういう自分に落ち込んだりすることもありました。だから、本を読まない人のために賞をつくってあげるのは面白いと思います。

山下　書店が賞に頼り過ぎなのかもしれません。受賞作が一冊目に読むべきものかと問われると、なんか違うような気がします。

森本　年に一冊しか本を読まない人が芥川賞受賞作を読んだところで、一生本を好きにならないような気がします。

花田　そういう風に手に取って失敗して、「やっぱり私は本に向いてない……」ってなっちゃう人が多いのかもしれません。

「Amazon VS. 町の本屋」というストーリーの押し付け？本屋を応援するための仕組みづくりがあってもいい

花田　これをやって何の意味があるのかわからないんですけど、書店員がみんなAmazonを褒め出したらどうなるんだろうと思います。「Amazonめっちゃ便利ですよね」って。よく取材で「紙の本ならではの良さを語ってください」と言われることがあるんですけど、紙だろうが電子だろうがどっちでもいい面もあります。本屋がある程度減ったとしても、Amazonや電子書籍で本を買う人が増えていき、本というものが存続していくのであれば、別にそれでいいと思うんです。「Amazon VS. 町の本屋」というような構造でばかり語られるのは本意ではなくて。書店員がみんなAmazonを褒め出したら、そういう人たちの鼻を明かせるんじゃないかなと思って。

森本　「なんか思ってるのと違うな……」っていう？（笑）

花田　そうそう。「Amazon嫌いじゃなかったんだ……」みたいな。「町の本屋が頑張ってるのに可哀想《かわいそう》」「昔ながらの良さがあるのに」というストーリーの求めに応じても、本屋の未来は明るくならないんですよね。もちろんAmazonの悪い面もありますが、二〇二三年にそんな話をしていても、「いや、駅前に五坪の本屋をまたつくったって、それはもうどうにもならないよ」とも思います。もう時代も変わってしまっているから。

山下　ノスタルジックに語られ過ぎですよね。書店が大事だということが。

花田　書店が善である、ということも語られ過ぎている気がします。

森本　本屋さんはたしかになくなってほしくないです。でも、閉店が決まってから本を買いに行く人が増えるのは変ですよね。じゃあ、閉店が決まる前にもっと来てほしかったなって。

山下　それはずっと思ってます。それと、残念なニュースしか書店から届けられないのはどうなのかなと。書店は入荷情報だけではなく、伝えたい思いとかを発信していけばよいのにと思うんです。入荷情報だけだとCMみたいになってしまって、フォロワー数も増えないですよね。著者に対しては顔が見えることを求めているのに、書店が何を考えているのかはぜんぜん見えない状況です。「棚から読み取れ」というようなニュアンスが多過ぎるような気もしていて。個人書店が人気なのはそういうことなのかなと。

森本　この人から買いたい、って思いますもんね。

有地　今日話していて思ったのは、もうちょっとふざけてもいいのかなと。

森本　あえて言うと、もうちょっと分かりやすいというか、頭の悪いことをやらないと本を読むっていうきっかけはつくれないのかもしれません。でも、本屋さんに行くっていう行動づくりは少し違う話ですよね。そこを分けて考えないといけないような気がします。

先日、よく通っていたお蕎麦《そば》屋さんが閉店しちゃって、最後家族と食べながら涙したんです。「もっとできることなかったのかな……」って。本屋さんも推せるうちに推さないと。

山下　結構急に閉まりますからね。

森本　自分のお金は大切な経済圏をまわすものにちゃんと使っていかないとなって思います。小さなお金ですけど。

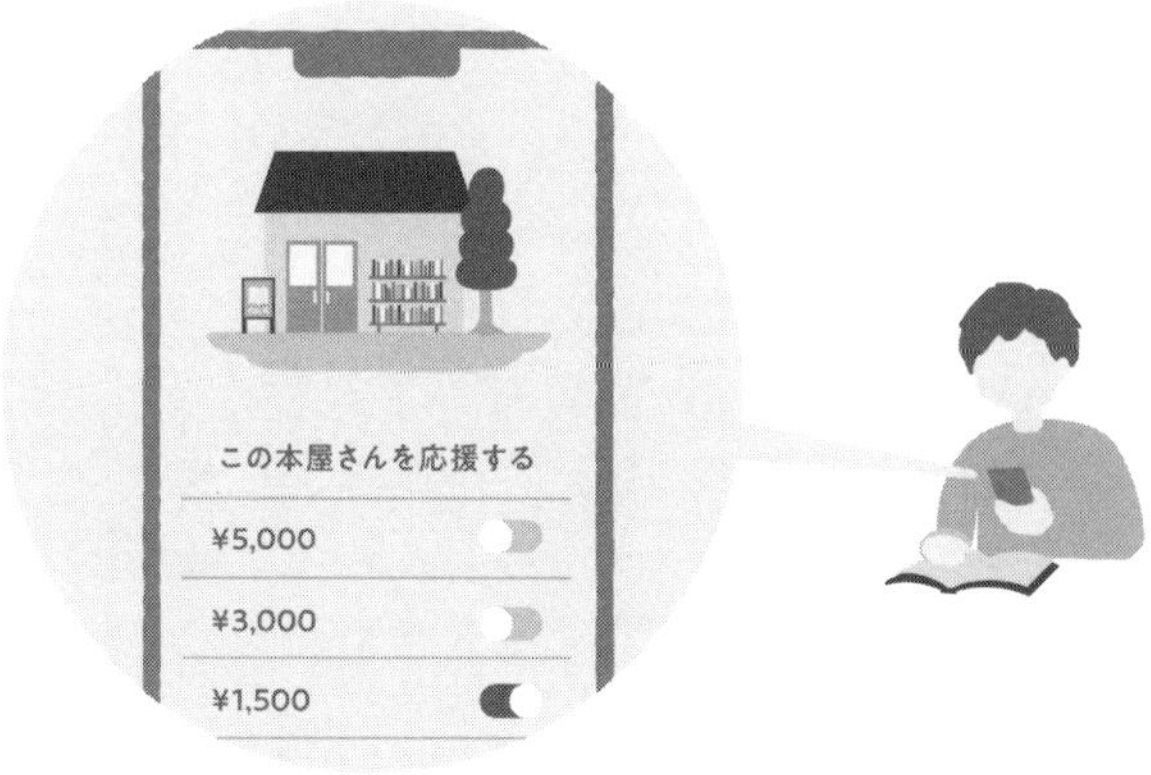

山下　そこに書店がどこまで食い込んでいけるかですよね。今まで書店は受け身過ぎたんだと思います。

有地　応援のための仕組みづくりが必要なのかもしれませんね。本屋さんで本を買っても、本屋さんに残る利益は少ししかないじゃないですか。でも本屋さんからもらっているものって、一冊の本だけじゃなく、本に囲まれた空間だったり、本屋の価値を無料で享受《きょうじゅ》できているわけですよね。投げ銭ができるようにするとか、そういう応援の仕方があってもいいと思います。プロセスエコノミーで成功しているものって、応援の仕組みごと整えています。今本屋に行っても、本を買う以外の応援方法がないんですよ。店主に、「はい、一万円」って渡して帰るわけにもいかないですし。

山下　本屋はもっと貪欲になった方がいいのかもしれませんね。もともと粗利も少ないんだから。

森本　花田さんが言っていたAmazonの話、たしかにそうだなと思います。本屋さんはあった方がいいし、なくなっていくのはやっぱり悲しい。ただ、本屋が単に本を売る場所としてとどまるのではなく、本屋に何か別の機能を持たせる時代になりつつあるのかなと思います。

山下　広島にあるウィー東城店は、町の人が必要としているものを取り扱っていて、美容室やコインランドリー、パン屋、年賀状の印刷などをやっています。こういう後付けのやり方もありかなと思います。

森本　それ、答えに近いような気がします。

山下　それぞれの地域で必要とされている形が違うってことですよね。青山ブックセンターでそれをやってもぜんぜん流行《はや》らないですから。本屋って一括《くく》りにされがちですが、もっと一店一店が違う形でいいのかなと。

有地和毅（あるち　かずき）
日本出版販売株式会社／株式会社ひらく所属。ブックディレクターとして本のある場づくりから企業内でのコミュニケーションデザインまで、本と人との関係をさまざまな形でつくっている。2018年より、本と出会うための本屋「文喫 六本木」の立ち上げに携わり、コンセプトデザイン、選書、展示、イベントのディレクションを手掛ける。

花田菜々子（はなだ　ななこ）
書籍と雑貨の店「ヴィレッジヴァンガード」に入社し全国各地で店長を務めた後、「二子玉川 蔦屋家電」ブックコンシェルジュ、「パン屋の本屋」店長、「HMV&BOOKS HIBIYA COTTAGE」店長……と約20年間さまざまな本屋を渡り歩く。2022年９月、東京・高円寺に「蟹ブックス」をオープン。

森本萌乃（もりもと　もえの）
2013年、㈱電通に入社、プランナー業務を４年経て、外資企業・スタートアップへの転職後、2018年４月よりパラレルキャリアを実現しながら起業準備を進め、2019年２月、㈱MISSION ROMANTIC創業。2021年６月にChapters bookstoreをオープン。

山下 優（やました　ゆう）
青山ブックセンター本店店長。2010年、青山ブックセンター本店入社。アルバイトを経て2018年11月に社員になると同時に店長に就任。ロゴの刷新や出版プロジェクトAoyama Book Cultivationを主導。

おわりに

「本屋とは何か」という問いからスタートした本書でしたが、制作の過程で様々な方々にインタビューを重ねるうち、自分でも気がつかないうちに問いの内容が「本屋とは誰か」に変わっていました。自分のなかで、本屋とは「人」を指す言葉であると結論付けた上で、ではどんな人が本屋なのか？　という問いと向かい合ってきました。

店を構えて本を売る人はもちろん本屋ですし、本をつくる出版者も、本を貸す図書館の従業員も、本を選ぶ選書家も、広い意味では本屋です。そして、本書で取材をさせていただいた元高校国語科教諭の嘉登《かと》先生やTikTokで本を紹介されているけんごさんも、私の目から見れば尊い仕事をされている本屋です。様々な場所で、様々な立場で本と深く関わる人たちが、自分の持ち場で楽しみながら本と人とをつないでいくこと、その主体の数が増えていくことこそ重要なのではないでしょうか。

本書で繰り返し述べた通り、本に興味がない人や普段本屋に足を運ばない人に本の魅力を伝え、新規顧客を増やしていくことがこの業界にとって何より重要なことだと思います。サッカーや野球などのスポーツでにわかファンを攻撃する古参ファンを時折見かけますが、**にわかファンを大事にできない業界にこれまで以上の発展は望めません。**古参ファンの誰もがにわかファンだった時代を経由してコアファンになっているわけですから、にわかファンを大切に育てていける環境と、にわかファンが入りやすい「間口の広さ」「入口の多さ」が重要です。ワールドカップやＷＢＣではじめてサッカーや野球を見てその魅力にとりつかれた人たちが、今度はＪリーグやＮＰＢの試合に興味を持つようになりコアなファンになっていくのと同じで、間口の広い入口、数の多い入口を創らなければなりません。この入口を創る存在こそ、私がいう「広義の本屋」です。

書店の数が年々減っていること、業界の売上高が下がっていること、読書離れが進んでいることなどがよくメディアで取り上げられますが、そんなことを記事にしたところで何の意味があるのだろうかといつも不思議に思います。書店という「場所」の数が減っていくとしても、本屋という「人」の数が増えていき、主体者が次なる主体者を生み、本と人との出合いが連鎖的に増えていく状況をつくっていければ、次から次に楽しいことが起こりそうな予感がします。

たとえ今の時代が昔に比べて本を売りにくい時代なのだとしても、私はそのことをネガティブにはとらえません。**本が売れない時代だからこそ知恵のしぼりがいがあるわけですし、その状況をいかに乗り越え売っていくかが腕の見せ所なわけです。**何も手を打たずとも飛ぶように本が売れていった時代よりも、よっぽど今の時代の方が楽しいとすら思います。「飛行機は追い風ではなく、向かい風で飛ぶものなのだ」というヘンリー・フォードの名言通り、今の時代にこそ飛躍のチャンスが潜んでいるのかもしれません。

本書を読まれた方がそれぞれの持ち場で、「こんなやり方で本と人とを出合わせてみよう」「こんなやり方なら私にもできるかも」と意欲を掻《か》き立てられ、具体的な実践につなげてくださるなら、これより嬉しいことはありません。

本書に登場する本

- 小阪裕司『「顧客消滅」時代のマーケティング　ファンから始まる「売れるしくみ」の作り方』（ＰＨＰビジネス新書）
- 佐藤尚之『ファンベース』（ちくま新書）
- 芹澤連『〝未〟顧客理解　なぜ「買ってくれる人＝顧客」しか見ないのか？』（日経ＢＰ）
- 芹澤連『戦略ごっこ―マーケティング以前の問題』（日経ＢＰ）
- 矢部潤子『本を売る技術』（本の雑誌社）
- 辻山良雄『本屋、はじめました　増補版』（ちくま文庫）
- 遠藤周作『狐狸庵閑談』（ＰＨＰ文庫）
- 大村はま『新編　教えるということ』（ちくま学芸文庫）
- 鈴木有紀『教えない授業　美術館発、「正解のない問い」に挑む力の育て方』（英治出版）
- 山田詠美『ぼくは勉強ができない』（新潮文庫）
- 山田詠美『熱血ポンちゃんが来りて笛を吹く』（講談社文庫）
- 筒井康隆『残像に口紅を』（中央公論新社）

・東野圭吾『白夜行』（集英社）
・野﨑まど『小説家の作り方』（ＫＡＤＯＫＡＷＡ）
・森岡毅『ＵＳＪのジェットコースターはなぜ後ろ向きに走ったのか？』（ＫＡＤＯＫＡＷＡ）
・和田寛『スキー場は夏に儲けろ！』（東洋経済新報社）
・酒井大輔『ワークマンは商品を変えずに売り方を変えただけでなぜ2倍売れたのか』（日経ＢＰ）
・寺井広樹『廃線寸前！銚子電鉄〝超極貧〟赤字鉄道の底力』（交通新聞社）
・内沼晋太郎『これからの本屋読本』（ＮＨＫ出版）
・井上理津子『夢の猫本屋ができるまで』（ホーム社）
・高瀬毅『本の声を聴け　ブックディレクター幅允孝の仕事』（文藝春秋）
・長谷川博一『新日本プロレスV字回復の秘密』（ＫＡＤＯＫＡＷＡ）
・諸井克英『表象されるプロレスのかたち　多様化する眼前のエンターテインメント』（ナカニシヤ）
・高木三四郎『俺たち文化系プロレスＤＤＴ』（太田出版）
・高木三四郎『年商５００万円の弱小プロレス団体が上場企業のグループ入りするまで』（徳間書店）

・棚橋弘至『棚橋弘至はなぜ新日本プロレスを変えることができたのか』（飛鳥新社）
・ミスター高橋『流血の魔術　最強の演技――すべてのプロレスはショーである』（講談社）
・外道『To Be The 外道〝レヴェルが違う！〟生き残り術』（ベースボール・マガジン社）

[装幀・章扉デザイン／装画、本文・章扉イラスト]
中原麻那

〈編著者略歴〉

北田博充（きただ　ひろみつ）

1984年神戸生まれ。大学卒業後、出版取次会社に入社し、2013年に本・雑貨・カフェの複合店「マルノウチリーディングスタイル」を立ち上げ、その後リーディングスタイル各店で店長を務める。

2016年にひとり出版社「書肆汽水域」を立ち上げ、長く読み継がれるべき文学作品を刊行している。

2016年、カルチュア・コンビニエンス・クラブ㈱入社。現在、梅田 蔦屋書店で店長を務める傍ら、出版社としての活動を続けている。

2020年には、本・音楽・食が一体となった本屋フェス「二子玉川 本屋博」を企画・開催し、２日間で、33,000人が来場。

著書に『これからの本屋』（書肆汽水域）、共編著書に『まだまだ知らない 夢の本屋ガイド』（朝日出版社）、共著書に『本屋の仕事をつくる』（世界思想社）がある。

本屋のミライとカタチ
新たな読者を創るために

2024年２月29日　第１版第１刷発行

編著者　北田博充
発行者　永田貴之
発行所　株式会社ＰＨＰ研究所
東京本部　〒135-8137　江東区豊洲5-6-52
文化事業部　☎03-3520-9620（編集）
普及部　☎03-3520-9630（販売）
京都本部　〒601-8411　京都市南区西九条北ノ内町11
PHP INTERFACE　https://www.php.co.jp/
組版　株式会社PHPエディターズ・グループ
印刷所
製本所　図書印刷株式会社

ISBN978-4-569-85635-3

PHP文庫

スマホより読書

本屋を守れ

藤原正彦 著

日本の学力崩壊、教養の低下を止めるには「書店の再興」しかない。憂国の数学者による「読書」と「町の書店」擁護論がついに文庫化。